보드게임과 자라나는 아이들

아이의 마음을 열고 세상과 연결하는 보드게임의 힘

아이들과 보드게임으로 만나는
일곱 선생님의 40가지 교실 에세이

보드게임과 자라나는 아이들

1판 1쇄 발행_ 2023년 11월 30일
1판 2쇄 발행_ 2025년 02월 10일

지은이 게임성장연구소(고희진, 김영훈, 김한진, 박소현, 양예원, 이예슬, 황윤길)

발행인 임종훈

디자인 인투

출력/인쇄 정우 P&P

주소 서울시 마포구 방울내로 11길 37 프리마빌딩 3층

주문/문의전화 02-6378-0010 **팩스** 02-6378-0011

홈페이지 http://www.wellbook.net

발행처 도서출판 웰북 **정가** 17,000원

ISBN 979-11-86296-92-9 03370

※ 이 책은 충청남도교육청 '2023 미래를 이끄는 교원 책 출판지원사업'으로 기획 출간하였습니다.

※ 이 책의 저자들 캐릭터와 그림은 ⓒ정영미 학생의 재능기부를 통해 만들어졌습니다.

보드게임과 자라나는 아이들

보드게임은 아이를 움직이게 한다

마이크로소프트의 빌 게이츠, 애플의 스티브 워즈니악, 페이스북의 마크 저커버그, 아마존의 제프 베이조스, 소프트뱅크의 손정의, 인스타그램의 케빈 시스트롬, 테슬라의 일론 머스크 등 IT 기업의 거물들은 한 가지 공통점이 있다. 바로 게임을 좋아했다는 점이다. 『게임왕조실록』(김정남 지음, e비르북스, 2020)에서 일론 머스크의 말을 이렇게 인용한다.

"게임은 어린이가 기술에 관심을 가지게 하는 강력한 힘이 있습니다."

일론 머스크는 참신한 아이디어가 게임에서 나온다고도 말한다. 게임이 틀을 깨는 사고와 창의력을 자극한다는 것을 간파하고 있었던 셈이다.

아이들은 게임을 정말 좋아한다. 아이들에게 '게임 좋아하는 사람?' 하고 물어보면 모든 아이가 손을 든다. 거꾸로 '억지로 게임 하는 사람?'이라고 물으면 모두 손을 내린다. 게임을 스스로 좋아하는 아이는 있어도 억지로 하는 아이는 없다. 아이들의 마음을 움직일 수 있는 이런 마법 같은 도구가 있다는 게 얼마나 반가운 일인가.

게임을 안 해본 아이는 있어도 한 번 하고 그만두는 아이는 없다. 2022년 한국콘텐츠진흥원의 보고서 「2022년 게임 이용자 실태조사」를 보면 10대 아이 중 무려 86.1%가 게임을 즐긴다고 답했다. 30대는 80.4%, 50대도 61.3%에 달한다. 이렇게 우리는 남녀노소 할 것 없이 게임을 하고 싶어 하는 본성이 있다. 이러한 인간의 특징을 '호모루두스'라고 한다.

이처럼 인간의 본성에 가깝고 누구나 좋아하는 게임이지만, 사회에서 게임은 혹독한 평가를 받는다. 하지만 그냥 지나치기엔 너무나 아깝다. 게임에는 아이들을 움직이는 특별한 힘이 들어있기 때문이다. 바로 스스로 하고자 하는 힘. '자발성의 힘'이다.

'자발성'은 인지적 능력이 아니라 정서적 능력에 속한다. 가톨릭대학교 심리학과 정윤경 교수는 "인지가 세상을 살아가는데 필요한 지식이나 기술이라면 정서는 이러한 능력을 활용하도록 움직이게 한다"고 했다. 미래 시대에 아이들의 공부 생산성은 얼마나 많이 아느냐가 아니라 얼마나 하고 싶으냐에 따라 달려 있다. 게임이 가진 자발성은 이에 대한 힌트를 보여준다.

특히 여러 가지 게임 중 보드게임은 학습에 특별하다. 우선 보드게임은 피아제piaget가 말한 구체적조작기, 즉 구체적인 물건을 만지고 돌리고 움직이며 사고하는 초등학교 시기에 딱 맞다. 머릿속으로만 생각할 때보다 보드게임 컴포넌트를 만지며 생각할 때 훨씬 쉽고 넓은 사고를 할 수 있다.

그리고 보드게임은 재미있다. 아이들에게 재미란 의미 있고 가치 있는 일이다. 그래서 아이들이 재미를 느끼면 그 일을 계속하고 싶어 한다. 손다이크Thorndike는 만족스러운 결과를 내는 행동은 반복되는 경향이 있고 불쾌한 경험을 하게 한 행동은 피하려 한다고 했다. 게임으로 배움에 재미를 느낀 아이들은 눈앞이 캄캄하고 하기 싫었던 일을 이제는 해볼까 싶은 마음이 들기 시작한다. 그때부터 배움에 반전이 시작된다. 사실 배움을 포기한 아이들이 공부를 못하는 게 아니다. 자세히 관찰해보면 알 수 있다. 그런 아이들도 자기가 흥미로워하는 건 전문가 수준으로 알고 있다는 사실을. 아이들은 공부를 못하는 게 아니다. 안 하는 걸 선택하는 것이다.

핵심 질문은 '어떻게 아이를 움직이게 할 것인가?'이다. 이 책은 보드게임이 가지고 있는 특징인 '자발성'이 어떻게 생겨나는지 관찰한 에세이에 가깝다. 보드게임 속 세상에 배움을 차려놓고 아이와 만나기, 그 안에서 아이들이 변화하는 과정, 뭐든 다 잘될 것 같이 느끼는 몰입, 스스로 해내고 싶은 주도성 등 배움과 관계의 영역으로 스스로 걸어오는 아이들의 이야기들을 꾹꾹 눌러 담았다. 보드게임을 만난 아이들은 하기 싫거나 도전해보지 않았던 마음의 벽을 허물기도 하고 자신에 대한 신뢰의 씨앗을 심기도 한다.

또한 이 책은 보드게임에 궁금증을 가진 독자들에게 도움이 되는 책이다. 보드게임에 대한 가치를 알고 있지만, 어떻게 적용하는지 모르는 분들이 읽으면 도움이 될 것이라 생각한다. 특히 시골의 소규모 학교의 경우 학생 수부족으로 모둠활동이나 특별한 활동 구성에 어려움을 느끼는데, 보드게임을 잘 활용한다면 아이들의 배움과 생활지도에 놀라운 효과를 볼 수 있다.

지난해 말, 책출판 공모전이 있다는 소식을 접하고 함께 글을 썼다. 운이 좋게 우리가 경험했던 것을 나누고 연결할 수 있게 되었다. 계약 후 9개월. 없는 시간을 쪼개고 힘든 하루를 견디며 삶을 기록했다. 막상 우리의 기록이 글로 나온다니까 신기하고 놀랍다. 오랫동안 같이 연구하며 공들인 우리의 경험이 책이라는 값진 결과물로 나올 수 있어서 참 기쁘다. 평범한 것만 같았는데 이렇게 책으로 나올 수 있었던 것은 함께하는 분들이 서로의 이야기를 잘 들어주었고 한 분 한 분의 이야기를 귀하게 여긴 덕분이다. 우리는 함께 더불어 살아야 하는 존재임을 다시 한번 느낀다.

　누구나 자신만의 이야기를 기록하면 의미를 발견하게 되고 그게 여러 편 모이면 책이 될 수 있다는 확신도 생겼다. 각자가 경험한 이야기는 버릴 것 없이 귀하다. 이 책이 자신의 이야기를 해보고 싶은 분들에게도 새로운 가능성으로 비쳤으면 좋겠다는 바람도 해본다.

　우리가 가르치는 세대는 우리가 배웠던 세상보다 좀 더 평화롭고 더불어 사는 세상에서 살길 바란다. 그래서 오늘도 보드게임을 하며 이리저리 궁리한다. 앞으로도 보드게임과 자라나는 아이들을 더 발굴해 새롭게 재구성할 예정이다. 이 책이 독자분들의 삶에 잔잔한 온기가 되기를 바란다.

세종에서
저자 대표 김한진

차례

PART **04 슬기롭고 즐겁게 살아가는 능력**

PART **05 더불어 살아가는 능력**

박소현

학교에서 아이들과 하루를 온전히 잘 보내는 것을 목표로 합니다. 함께하는 활동의 힘을 믿으며 보드게임에 대해 관심을 가지게 되었습니다.

보드게임을 수업에 적용할 수 있는 방법을 꾸준히 고민하며, 보드게임으로 아이들과 함께 행복하려고 합니다.

양예원

아이들이 보드게임을 하며 집중하는 경험을 통해 성장할 수 있다고 믿습니다. 그래서 수업 시간에도 보드게임으로 수업을 많이 하며 아이들의 발달을 돕고 있습니다.

특히 언락, 엑시트 등 방탈출 게임에 진심인 편으로, 방탈출 시리즈가 나오기만을 간절히 원하고 있습니다.

이예슬

어쩌다 보니 아이들을 가르치는 것을 직업으로 삼게 됐습니다.

책과 보드게임을 좋아합니다.

열심히 사는 것보다 꾸준히 사는 것을 목표로 살고 있습니다.

김영훈

교직 경력 5년차, 보드게임 경력 15년차 시골 학교 교사입니다.

게임에 진심인 편으로 프로게이머 경력이 있습니다.

게임에 특별한 힘이 있다고 믿으며 아이들과 보드게임을 할 때가 가장 즐겁습니다.

'꿈꾸며 성장하는 나너울'이라는 이름으로 아이들이 스스로 자신을 세우고 서로 배려할 줄 아는 평화공동체를 만들고자 노력하고 있습니다. 다양한 경험을 통해 아이들과 함께 성장하고 있다는 것을 느낄 때 흥이 납니다. 보드게임도 그 중 하나지요. 지금 내가 하고 있고 할 수 있는 일에 감사하며 살고 있습니다.

고희진

걱정 없이 행복한 삶을 살고 싶은 교사입니다. 아이들에게 공부의 재미와 필요성을 느끼게 해주고 싶습니다. 그 방법을 찾다가 보드게임에 관심을 가지게 되었습니다. 전문적학습공동체 〈겜성〉의 선생님들에게 많은 영감과 에너지를 얻고 있습니다.

황윤길

KPC코치. 『아이의 뇌를 깨우는 보드게임』, 『파파육아』 등의 책을 썼고, 『코칭형책쓰기연구소』를 이끌고 있습니다. 어떻게 하면 사람들의 잠재력을 끌어낼 수 있을까 고민하다가 보드게임과 코칭을 만났습니다. 최근에는 '어떻게 하면 매일 꾸준히 할 수 있을지'에 관심이 많아 읽고 쓰고 보드게임을 만지작거리면서 궁리 중입니다.

김한진

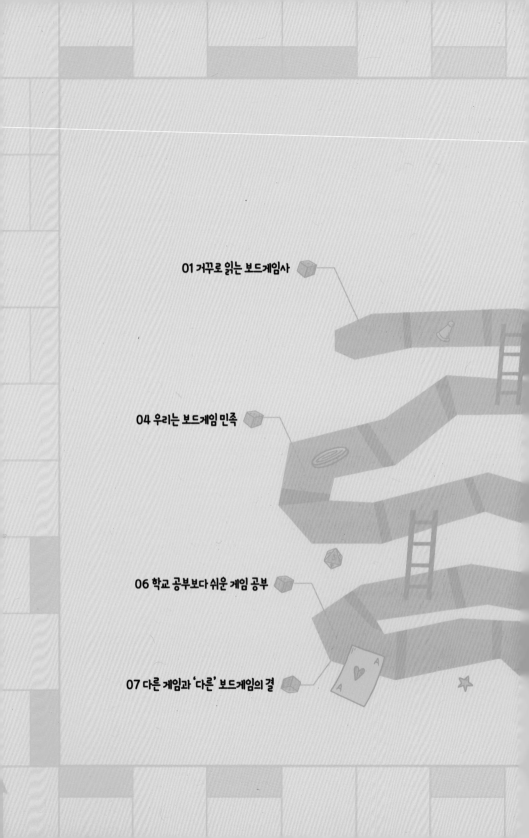

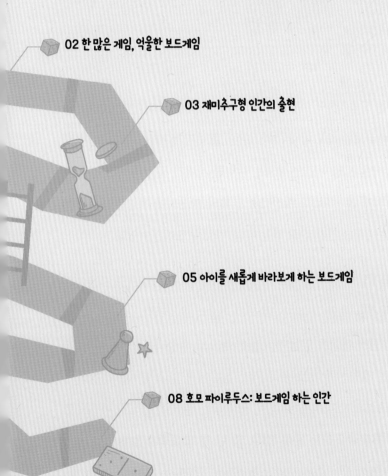

01 거꾸로 읽는 보드게임사

보통 '게임하는 모습' 하면 어떤 장면이 떠오를까? 컴퓨터 안으로 들어갈 듯이 모니터를 바라보는 모습이나 스마트폰을 뚫어지게 바라보는 장면이 떠오르지 않을까? 사실 게임 하면 연상되는 디지털 기기가 세상에 나온 것은 불과 오십 년 정도밖에 안 된다. 그 이전까지 인류의 머릿속에 게임은 디지털이 아니라 말판과 손에 무엇인가 쥐고 하는 게임, 바로 보드게임이었다.

인류사에 보드게임이 언제 등장했는지 명확히 말할 수는 없지만 지금까지 전해져 내려오는 것을 보면 고대 이집트까지 거슬러 올라간다. 〈세네트〉는 기원전 약 3500년 전에 이집트 인들이 사용한 것으로 추정되는 보드게임이다. 넓적한 나무로 된 게임판에 가로 세로 격자가 그어져 있고 형체를 짐작하기 어려운 그림이 그려져 있다. 〈세네트〉는 '세니'라는 말에서 유래된 이름으로 '어려운 관문을 통과하다'라는 뜻이 있다. 몇 년 전 고고학자 월터 크리스트 Walter Crist 박사는 이 게임이 죽은 자와 소통하는 도구였다는 사실을 밝혀냈다.

고대 이집트 인들은 죽은 사람의 영혼이 사후세계의 여러 모험을 모두 통과하고 나면 태양신과 함께 자유의 몸이 된다고 여겼다. 이집트의 소년왕 투탕카멘Tutankhamun의 무덤에서 이 게임 도구가 네 점이나 발견되었고, 람세스 2세의 아내인 네페르타리Nefertari 왕비의 무덤에는 벽화에 세네트를 하는 모습이 그려져 있다. 고대 이집트 사람들은 이 게임을 하며 자신의 운명을 점쳐 봤을 것이다.

▲ 세네트

보드게임 역사에서 빼놓을 수 없는 것이 바로 주사위다. "주사위는 이미 던져졌다"라는 말은 고대 그리스 아테네의 시인이자 극작가인 메난드로스 Menandros의 희극에서 율리우스 카이사르Julius Caesar가 한 대사다. 카이사르는 폼페이우스Pompeius를 추대한 원로원 보수파에 대항해 내란을 일으키며 루비콘강을 건너게 되는데 이때 '되돌릴 수 없다'는 의미로 이 말을 한다. 이는 고대에도 주사위가 쓰였으며 아직 확률 개념이 없던 시대에 주사위는 신의 메시지로 여겨지기도 했다는 걸 보여준다.

▲ 주령구

우리나라에서도 일찍부터 주사위를

사용했한 흔적이 보인다. 통일신라 시대 유적지인 동궁과 월지에서 '주령구'라는 14면의 주사위가 출토되었다. 정사각형 면 6개와 육각형 면 8개로 이루어져 있는 이 주사위는 모양은 다르지만, 면적이 거의 같아 확률적으로 어느 한 면이 나올 확률이 정확히 1/14이다. 각 면에는 벌칙이 적혀 있었는데 몇 가지만 소개하면 '소리 없이 춤추기', '간지럼을 태워도 꼼짝하지 않기' 같은 것이다. 술자리에서 벌칙을 정하기 위한 사용한 것으로 통일 신라 시대 상류층이 어떻게 놀았는지 보여준다.

한 지역에서 시작된 보드게임이 다른 지역으로 전해지기도 했다. 고대 이집트와 메소포타미아 문명에서 시작된 것으로 추정되는 〈백개먼〉은 고대 로마로도 전해지고 중국으로도 전해졌다. 문헌에 비추어보면 우리나라에도 삼국시대에 〈악삭〉이라는 이름으로 등장한다. 중국 당나라 학자 이연수의 『북사』권 94『백제전』에 보면 백제에 〈악삭〉이란 잡희가 있다고 기록되어 있는데 여기에서 나오는 〈악삭〉이 〈쌍육〉이고 〈쌍육〉이 앞서 말한 〈백개먼〉과 매우 흡사한 게임이다.

▲ 쌍육삼매

〈쌍육〉은 조선 후기까지 계속 전해져 내려오는데 신윤복의 풍속화 중 〈쌍육삼매〉를 보면 생생한 풍경을 볼 수 있다. 그림 속 남성은 〈쌍육〉이 얼마나 재미있었는지 탕건도 벗어버리고 한 여인과 〈쌍육〉하는 모습이 그려져 있다. 우리에게 유명한 세종대왕 시절에는 딸인 정선공주가 몸이 안 좋아 내관을 보내 보살피라고 했더니 〈쌍육〉을 하고 있더라는 세종실록의 기록도 있다.

　지금은 게임 하면 누구나 디지털 게임을 떠올리지만, 고대에 보드게임은 왕이나 왕비의 무덤에 껴묻거리로 묻어주고 벽화로 그려줄 만큼 사람들의 애정을 받은 것이었다. 시름을 덜어주고 쉬는 시간을 채워주며 사람들을 가깝게 하고 술자리의 흥을 돋우는 놀이였다. 사실 지금 사랑받는 모든 게임은 고대부터 지금까지도 이어지고 있는 보드게임이 있었기 때문이다. 보드게임은 모든 게임의 조상이다.

02 한 많은 게임,
억울한 보드게임

진단 평가 결과 기초 부진 아이들이 많다고 하여 교육지원청에서 한 분이 학교로 찾아왔다. 그분은 뭔가 학교 차원에서 아이들을 위해 더 많은 시간을 할애했으면 했다. 잠자코 듣다가 손을 들고 질문을 했다.

"혹시 이 이상 아이들에게 시간을 더 들여서 기초학력이 개선된 사례가 있나요?"

"개선된 사례는… 없습니다."

만약 지금 운영하는 기초학력 프로그램 이외에 또 다른 프로그램을 제공한다면 과연 아이들이 공부에 흥미가 생기고 알아서 부족한 것을 채워가려고 할까?

실력이 부족한 만큼 시간을 더 들이면 문제가 해결될까? 투입된 시간이 높아지면 생산성(성적)이 높아진다는 식의 논리는 자주 그리고 쉽게 나오는 해결책이지만, 이미 공부를 피하고 싶은 아이들에게 무작정 시간을 더 들인다고 나아지지 않는다는 걸 웬만한 사람들은 다 안다.

어디에서 이런 성공방정식이 나왔을까?

우리나라는 해방 이후 짧은 시간 동안 초고속 성장한 유례없는 나라다. 6.25를 겪기 전 서울의 풍경과 지금의 서울은 한 세대가 지나지도 않았지만, 같은 곳을 찾기 힘들 정도로 바뀌었다. 이런 압축 성장은 온 나라가 하나의 화두에 몰두했기 때문일 것이다.

'어떻게 하면 생산량을 높일 수 있을까?'

회사의 CEO들은 생산량을 늘리기 위해서 노동자들이 더 많은 시간 동안 일하기를 원했다. 노동자들은 잔업에 야근, 주말 근무를 통해 몸을 혹사해가며 일을 했다. 회사 분위기가 더 많은 생산에 목숨을 거는데, 논다는 건 생산량에 하나도 도움이 되지 않는 쓸데없는 행동으로 여겼다. 코피를 쏟을망정 일해야 했고 사장님이 퇴근하지 않으면 부하직원들 퇴근은 언감생심이었다. 이런 분위기는 가정에서도 이어졌다. 열심히 일하고 왔는데 자식들이 놀고 있으면 "당장 들어가 공부 안 해!"하고 엄포를 놓았다. 그러면 자식들은 쭈뼛쭈뼛 방으로 들어갔다. 노동에 투자하는 시간을 늘려야 높은 생산이 나온다는 산업사회 유물이 우리 산업 분야와 가정에도 거세게 몰아닥친 것이다. 실제로 그 결과 눈부신 성공 신화들이 만들어지기도 했다.

산업화의 고도 성장시기에 많은 시간의 투입은 높은 생산량을 가져왔고

이는 곧 성공의 새로운 방정식으로 자리잡았다. 이는 산업 분야를 넘어 교육 분야에도 고스란히 이어졌다. 산업화가 한창이던 1970년대에 유행했던 말 중에 하나가 '4당5락'이다. 입시 시험공부할 때 네 시간 자면 성공하고 다섯 시간 자면 떨어진다는 의미다. 이건 다른 종류의 시험에도 파생되었는데 임용고시를 하루에 7시간 공부하면 붙고 그보다 적게 하면 떨어진다는 말도 있었고 사법고시를 하루에 10시간 이상 공부하면 붙는다는 말도 유행처럼 학원가에 떠돌았다. 투입된 시간을 높이면 성공한다는 성공 방정식은 만능인 것처럼 아이들을 몰아붙였고 노는 시간은 필요 없는, 공부를 방해하는 시간처럼 여겨지기도 했다.

우리나라에 최초의 디지털 게임이 들어선 것도 이때쯤이다. 1970년대 동네에 전자오락실이 하나 둘 생기기 시작했고 아이들은 학교가 끝나면 종종 오락실을 갔다. 동전을 넣고 화면에 나오는 캐릭터들을 조종하는 전자오락은 아이들의 짧은 쉬는 시간에 스트레스를 날리는 용도로 흥미를 끌었고 금방 아이들의 여가문화로 자리 잡을 것 같았다.

하지만 산업사회 성공방정식은 전자오락을 아이들의 건전한 문화로 받아들여주지 않았다. 어른들은 아이들이 하는 게임을 불필요한 것, 인생을 망치는 것이라 터부시했고 때로는 성공에 걸림돌이 될까 불안해하기도 했다. 게임은 그렇게 하류 문화로 밀려 나갔다.

시간이 흘러 컴퓨터와 모바일 등 디지털 기술의 발달로 게임 산업은 눈부시게 발달했다. 하지만, 게임을 바라보는 사회의 시선은 여전히 따가웠다. 급

기야 2019년 세계보건기구(WHO)는 국제질병분류 개정안(ICD-11)에 게임에 질병 코드를 부여하기로 결정했다. '게이밍 디스오더' 혹은 '디지털 게이밍 디스오더'라는 병명이 그렇게 시작됐다. WHO는 게임을 하는 사람이 다음과 같은 세 가지 증상을 보이면 게임 중독으로 분류한다고 하였다.

- 게임을 하고 싶은 욕구를 참지 못함
- 게임을 일상생활보다 우선시함
- 삶에 문제가 생겨도 게임을 끊지 못하는 증상이 12개월 이상 됨

당시 주무부처라 할 수 있는 보건복지부와 문화체육관광부의 의견이 엇갈렸다. 여전히 논의가 계속되고 있지만 우리나라는 결국 질병코드 도입을 수용할 것으로 보인다.

한편 2022년 한국 콘텐츠 진흥원이 발간한 보고서는 전혀 다른 흐름을 전하고 있다. 이 보고서에서 게임은 우리나라 사람들의 여가활동 중 가장 많이 즐기는 것으로 나타났다. 우리나라 사람들의 74.1%가 게임을 하고 있었으며 부모와 자녀가 함께 게임을 하는 비율도 59.3%나 되었다. 또한, 세계를 선도하고 있는 IT 기업 CEO들은 게임을 자신의 성공과 밀접하게 연결시키고 있다. 테슬라의 CEO인 일론 머스크Elon Musk는 "게임이 아니었다면 컴퓨터와 기술에 대한 관심이 없었을 것"이라고 말하며 "게임은 아이들이 기술에 관심을 가지게 만드는 강력한 도구"라고 하였다.

넥슨 CEO 오웬 마호니Owen Mahoney는 "IT업계에서 선구적인 업적을 남긴 인물들의 공통적인 특징 중 하나가 '게임'이었다."고 말하며 "게임이야말로

플레이어가 자신의 스토리를 스스로 써나갈 수 있는 유일한 예술 형태이자 영감의 원천"이라 하였다. 페이스북을 창업한 마크 주커버그Mark Zuckerberg도 자신이 프로그래밍에 빠져든 것 자체가 게임에 대한 사랑 때문이라고 밝혔다. 그는 〈문명Civilization〉 게임의 시스템이 회사를 운영하는 데 도움이 되었다고도 말했다.

이쯤 되면 게임에 대한 사회적 편견을 거둘 때가 되지 않았을까? 게임이 제공하는 놀이성은 위대한 창조력의 원천이기도 한데 말이다. 요한 하위징아Johan Huizinga는 "예술 작품이 만들어지는 과정, 예술적 행위 자체는 현실적 실용적 목적과는 다른 순수한 즐거움을 갈망하는 가운데 이루어지는 놀이 활동에 가까운 것"이라고 하였다. 우리의 삶을 창조하고 개발해 나가는 것은 지금 진행하고 있는 일에서 벗어나 재미를 추구하는 데 있다는 것이다. 무조건 시간을 많이 투입하면 된다는 낡은 산업사회의 논리가 일에서 벗어난 모든 행위를 일탈과 방해요소로 보게 했고 그중 가장 대장격인 게임이 몰매를 맞은 게 아닌가 싶다.

제임스 힐먼James Hillman 심리학자는 이렇게 말했다.

도토리는 자기가 누군지 몰라도
참나무가 될 수 있다.
하지만 인간은 자기가 누구인지 모르면
절대 참다운 자기 자신이 될 수 없다.

경주마처럼 앞만 보고 달리는 사람은 자신이 무엇을 하는지 그것이 왜 중요한지 따질 겨를이 없다. 요한 하위징아가 말했듯 인류의 문명은 놀이를 통해 생성하고 발달할 수 있다. 게임은 새로운 창조 자체이자 또 다른 창조의 원천이기도 한 셈이다. 이쯤에서 게임은 억울하다. 보드게임은 더 억울하다. 게임 중독은 디지털 게임에만 한정된 이야기일 뿐이며 인류는 예나 지금이나 보드게임을 두뇌 스포츠라고도 부르며 꾸준히 좋아하고 즐겨하기 때문이다(바둑, 체스, 백개먼 등). 게임은 잘못이 없다. 언제나 우리 곁에서 우리를 즐겁게 해주고 팡팡 튀는 아이디어를 제공해줬을 뿐.

03 재미추구형 인간의 출현

"선생님 수업 정말 재미없어요."

"어? 그래?"

수업이 끝나고 이랑이가 눈썹에 잔뜩 힘을 주며 말했다. 얼굴에 그늘이 짙었다. 다음 수업이 끝나고 이랑이는 다시 지나가는 나를 불러 세웠다.

"선생님 수업 너무 재미있어요."

"어? 그래!"

분명 같은 아이인데 아까와는 전혀 다른 말투로 말했다. 비단 이랑이만이 아니다. 아이들은 수업이 재미있으면 살아난다. 재미있는 일이다 싶으면 얼굴빛이 달라지고 행동이 적극적으로 변한다. 싫어한다고 말하는 과목도 재미만 있다면 엉덩이를 들썩이며 가만히 있질 못한다.

아이에게 재미는 곧 의미고 삶의 이유인 것 같다. 재미에 이렇게 진심인 세대가 있었나? 새로운 인간의 출현이다. 요즘 아이들은 왜 이렇게 유독 재미를 추구하게 되었을까?

식기세척기, 로봇청소기, 건조기는 필수 혼수품이다. 이것만 있으면 가정의 평화를 가져다준다는 말도 한다. 이것들이 없던 시절에는 어떻게 살았나 싶기도 하다. 아이들은 이런 편리한 기계가 집안일을 해결해주는 풍요로운 시대에 삶을 시작했다.

우리가 어린 시절만해도 아이들은 집안에 각자 역할이 있었다. 나이가 어리더라도 집에 묶여 있던 개밥 정도는 자신이 줘야 했고 아버지가 보시는 신문 정도는 가져다드렸다. 아버지 구두를 닦거나 설거지를 하기도 했으며 부지깽이로 연탄불을 갈기도 했다. 아이들은 자연스럽게 집안일을 하며 가정의 일원이 되었다. 이렇게 가정일을 하면 엄마나 아빠 또는 대가족인 경우 할머니 할아버지로부터 칭찬을 받았다. 이런 피드백이 자연스럽게 노동의 사회적 가치를 느끼게 했다. 조금 힘든 일이어도 해야 할 노동이 있었고 그것이 누군가에게 도움이 된다는 것을 느끼며 '노동의 의미'를 깨달았다.

하지만 요즘 아이들은 그렇지 않다. 눈을 씻고 찾아봐도 해야 할 집안일이 없다. 예전에는 자기가 먹은 밥그릇은 자기가 씻어야 한다고 했는데 요즘은 식기세척기가 다 해준다. 잉여시간에 아이들은 집안일이라는 노동 대신 소비한다. 주로 소비하는 것은 놀이와 공부다. 여행을 다니고 장난감을 구매하며 체험을 소비를 한다. 학원을 다니고 악기를 연주하거나 운동을 소비한다. 이렇게 철저하게 아이들은 소비 주체로 삶을 살아간다.

소비 주체로 살아갈 때 아이들이 하는 건 '선택'이다. 무엇을 좋아하고 무엇을 싫어하는지를 선택한다. 좋아하는 건 계속하면 되고 싫어하는 건 그만두면 된다. 대안이 너무 많은 이 세상에서 아이들의 역할은 자신에게 더 맞는 것이 무엇인지 정교하게 찾아내는 일이다. 마땅히 싫어도 해야하는 노동은 찾아보기 어렵다.

초등학교에 들어가면 싫어도 해야 하는 것이 있다는 것을 경험하기 시작한다. 아이들은 좋든 싫든 학교에 가야 한다. 하지만 철저히 소비 주체로 시작한 아이들은 자신이 싫어하는 것을 하는 상황을 견디기 힘들어한다. 집에서처럼 적극적으로 표현하지는 못하기 때문에 무기력하게 다른 곳을 바라보는 것으로 저항한다. 수업 시간에 수업 내용을 듣는 둥 마는 둥 하는 아이들은 철저하게 자신이 싫다는 걸 온몸으로 표현하고 있는 것이다.

하지만, 이런 아이들도 재미있어 보이는 일에는 눈에 불을 켜고 달려든다. 같은 사람인가 싶을 정도로 완전히 변한다. 예전에 방송부를 맡아 몇 년을 운영했다. 여섯 명을 뽑는 오디션에 스물 두 명이 지원했었다. 직접 방송 대본을 쓰고, 앞에 나와서 마이크에 대고 말해야 하는 면접 시험에 아이들은 정말 최선을 다해서 참여했다. 평소에 의욕도 없고 말수가 없었던 아이들도 어디에 저런 적극적인 모습이 숨어 있었나 싶을 정도로 바뀌었다. 아이들은 재미라는 것이 느껴지면 기꺼이 그것을 선택한다. 아이들에게 '재미'는 '의미'랑 같은 말이다.

아이들이 하는 말 중에 가장 많이 돌아보게 하는 말이 '재미없어요.'다. 이

말을 들으면 '내 수업이 어디가 잘못됐나?' 하는 생각이 든다. 방과 후 보충 수업 시간에 진도를 못 따라오는 아이들이 있으면 남겨서 다시 알려주려고 하는데 한 문제를 공부하는 데만 30분이 걸렸다. 아이는 의자에 앉아 있지만, 앉아 있지 않기도 했다. 앵무새처럼 개념을 외우게 했으니 얼마나 답답했을까? 아이 입장에서는 정말 앉아 있고 싶지 않았을 것이다.

재미추구형 아이에게 재미없는 걸 계속하라고 강요하면 마치 생존에 위협을 받은 것처럼 위축된다. 아이들에게 재미는 삶의 이유다.

비디오 게임 분야에서 가장 영향력 있는 여성으로 알려진 니꼴 라자로 Nicole Lazzro는 재미를 네 가지 요소로 분류했다. 그녀는 감정을 '게미피케이션의 미래'라고 꾸준히 이야기하는데, 그녀가 말하는 '감정'은 여러 가지 종류의 재미를 느낀 사람들이 내적으로 하고자 하는 마음이 일어난 상태를 말한다. 즉 재미란 스스로 하고자 하는 마음을 지니게 하는 강력한 동기라는 것이다. 그녀가 말한 네 가지 재미는 다음과 같다.

Hard Fun	Easy Fun
Serious fun	People fun

▲ 니꼴 라자로의 재미의 4요소

- Hard Fun : 정확한 목표달성에 대한 성취감 (게임 내부)
- Easy Fun : 호기심에서 나오는 재미와 궁금증 욕구 충족에 대한 재미 (게임 내부)

- Serious Fun : 의미 있는 일에 대한 만족감에서 오는 재미 및 시뮬레이션(선 경험) (게임 외부)
- People Fun : 실제 사람들과의 교감에서 나오는 재미와 이를 통한 갈등해소 만족감 (게임 외부)

이런 재미의 한복판에 게임이 있다. 아이들에게 "선생님이랑 게임 같이 할래?"라고 한번 해보자. 그때 아이들 얼굴표정을 보면 벌써 재미있을 것 같다는 표정이 가득하다.

아이들에게 게임은 재미 그 자체다. 편리한 기계가 아이들에게서 노동에 대한 가치를 가져갔지만, 그로 인한 잉여시간은 아이들이 재미를 추구하도록 만들었다. 덕분에 아이들은 재미추구형 인간으로 탄생했다. 재미는 더 이상 쓸데없고 일을 방해하는 것이 아니라 꼭 있어야 하는 'must have'다. 요즘 아이들에게 재미란 의미이고 하고자 하는 욕구의 발현이다.

04 우리는 보드게임 민족

　가끔 선생님들에게 평소 보드게임을 하시는지 물어볼 때가 있다. 마트에 가도 보드게임을 볼 수 있고 돌봄교실이나 학원에서도 보드게임을 가지고 종종 수업을 하니 선생님들도 많이 접하지 않을까 해서다. 그러나 질문에 돌아오는 대답은 대부분 '몰라요.'다. 손사래까지 치는 걸 보면 보드게임 입문의 문턱이 꽤 높아 보인다. 교사들에게 보드게임은 아직 가까이하기엔 너무 멀리 있는 걸까?

　어떤 분은 보드게임을 책에 비유하기도 한다. 책을 한 장 한 장 넘기며 보듯, 보드게임을 책 읽듯 플레이한다는 의미다. 실제로 보드게임에는 규칙서라는 텍스트도 있고 게임을 설명하는 사람의 말을 듣기도 해야 하는 걸 보면 분명 독서와 비슷한 점이 있다. 우리나라 성인 중 책을 읽지 않는 사람이 절반이나 된다는데 그래서 보드게임의 성인 접근성이 낮은 걸까? 나는 여기에 하나 더 보드게임만의 '완결성'도 한몫한다고 생각한다.

보드게임은 게임 시스템을 읽고 이해하며 자신이 그 시스템을 주도하는 단계까지 와야 제대로 즐길 수 있다. 룰을 정확히 이해하지 못하면 게임을 즐기기 어렵고 같이 하는 사람들이 느끼는 분위기에 몰입하기 어렵다. 보드게임이 이런 완결성은 선뜻 익히고 배우기 까다롭다는 인상을 주기도 한다.

사실 보드게임은 주로 체험의 영역이다. 실제로 보드게임을 하면 온몸을 쓰며 우리에게 있는 감각기관을 적극적으로 활용하게 된다. 컴포넌트를 만지고 눈으로 보고 상대와 이야기한다. 자신이 주도적으로 움직여야 한다. 시각, 청각, 촉각 등 온 감각을 사용하기 때문에 게임을 하면 책을 읽는 것보다 기억에 오래 남는다. 한 번 하고 나면 자꾸 하고 싶다. 룰 익히기가 까다롭다는 인식 때문에 멀리하기에는 흥미롭고 기발한 것이 너무 많다. 보드게임을 좋아하고 추천하는 입장에서 아쉬운 일이다.

보드게임은 아주 오래전부터 흔하게 즐겨온 놀이 중 하나였다. 우리나라에 보드게임이라는 말은 2000년대 보드게임 카페가 생기면서 대중적으로 알려졌지만, 이 말이 들어오기 훨씬 아주 오래전 선조 때부터 이미 우리 민족은 보드게임을 즐겨왔다. 그것도 전국적으로 거의 모든 사람이 말이다. 명절마다 한 〈윷놀이〉, 〈장기〉 그리고 우암 송시열이 상소까지 올린 〈쌍육〉이 바로 그것이다.

설 명절이면 담요나 이불을 가운데 펼쳐놓고 윷가락을 던져본 경험이 있을 것이다. 윷가락이 모두 등을 가리켜 '모'가 나오면 크게 환호성을 지르기도 한다. 누구나 흔하게 알고 있는 윷놀이가 보드게임이다. 이익은 『성호사

설』에서 윷놀이를 "고려에서 넘어온 것"으로 기록하고 있다. 삼국시대에도 확실하게 존재했다는 기록을 봐서는 적어도 1500년쯤은 된 장수 보드게임이라고 할 수 있다. 지금까지도 명절뿐만 아니라 평소에도 종종 즐기고 있으니 우리나라 민족의 전통 보드게임이라고 해도 충분하다.

장기도 보드게임이다. 장기는 적어도 3000~4000년 전에 인도에서 발명되어 중국을 거쳐 우리나라로 들어온 것으로 본다. 기록에는 지금부터 약 1000년 전 고려 초부터 즐겼다고『고려사』,『연려실기술』같은 문헌에 기록되어 있다. 보드게임을 할 때, 수를 오래 생각하는 사람에게 '게임하던 사람 어디갔나?'라는 말이 튀어나올 때가 가끔 있는데 장기에서 수를 고민하는 사람을 두고 하던 말이다.

뭐니뭐니 해도 우리나라 보드게임의 고전은 〈쌍육〉이다. 〈쌍육〉은 문헌에 백제 때부터 존재했다고 하였고 고려를 거쳐 조선시대에도 그 기록이 남아 있다. 정약용은 편지에 흥겹게 '저포노름'을 했다고 남겼는데 '저포노름'이 바로 〈쌍육〉이다.『열하일기』를 썼던 연암 박지원도 글을 쓰다가 막히면 양손을 각각 한 명의 플레이어로 두고 혼자 쌍육을 즐겼다고 하니 그 인기가 얼마나 대중적이었나를 알 수 있다. 하도 이 쌍육의 기세가 대단해서 임금과 공주들까지도 푹 빠질 정도였다는 데『조선왕조실록』에 우암 송시열이 〈쌍육〉을 삼가자는 상소를 올렸다는 내용도 나올 정도다. 앞서 보드게임이 몰입감이 있다고 했는데 우리 선조들도 비슷한 느낌을 받았던 것이다.

'보드게임'이란 말은 최근에 들어왔지만, 선조들은 이미 보드게임을 하고 있었다. 삼국시대부터 지금까지 약 1500년을 해왔으면 우리도 보드게임 민족이라고 할 수 있지 않을까? 보드게임은 어느 날 들어온 낯선 물건이 아니다. 조상들이 친숙하게 두었던 하나의 놀이 문화였다. 보드게임 어렵지 않다. 우리는 보드게임 민족이니까 말이다. 분명 선조들부터 내려오는 DNA가 전해져오고 있다!

05 아이를 새롭게 바라보게 하는 보드게임

학생 수가 적은 작은 학교에서는 교사 한 명이 여러 역할을 할 때가 많다. 때로는 정규시간 이후에 방과 후 수업을 해야 할 때도 있다. 정규수업과 다르게 방과 후 수업은 또 다른 영역이기에 고민이 필요하다. 아이들은 방과 후 수업으로 '보드게임'을 원했다. 하지만 시골이라 그런지 강사가 구해지지 않았다. 내가 강사를 해야 했다. 고민이 되었다. 수많은 보드게임 중에 아이들에게 도움이 되는 보드게임을 선택하는 건 쉽지 않았다. 생각 끝에 '규칙이 간단하면서도 아이들에게 흥미로울 게임'이라는 기준을 세웠다. 그렇게 고른 보드게임이 〈스플렌더〉다.

〈스플렌더〉는 각 플레이어들이 중세시대 보석상이 되어 귀족들의 마음을 사로잡아 당대 최고의 보석상이 되는 것을 목표로 하는 게임이다. 규칙이 직관적이고 이해하기 쉬워 3~4학년 아이들에게도 설명하기 좋다. 게임에 이기기 위해서는 상황에 따라 적절한 전략도 필요해 머리도 제법 써야 한다. 게다가 아기자기한 일러스트와 함께 반짝반짝 빛이 나는 보석이 있어 아이들이 금방 흥미를 느낀다. 첫날 4명씩 모둠을 나누고, 게임에 대한 전반적인 배경과 규칙을 설명한 다음, 직접 게임을 시작했다.

〈스플렌더〉 상자를 열자 아이들은 "우와! 보석이다!" 하고 탄성을 질렀다. 규칙을 설명하기도 전에 보석 토큰을 손에 쥐고 달그락거리는 아이도 있었다. 반응을 보니 절반은 성공이었다. 치열이는 "저 이거 돌봄교실에서 봤는데 꼭 해보고 싶었어요."라고 말했다. 평소 말수가 적고 학급 친구들과 잘 어울리지 못하는 아이가 보드게임을 보자마자 먼저 말을 꺼내는 모습이 특별했다.

〈스플렌더〉는 자기 차례가 되었을 때 네 가지 선택지 중 하나를 선택해서 승리 조건을 먼저 달성하는 사람이 이긴다. 자기 차례 때 오직 한 가지 행동만 선택하기 때문에 규칙이 간단하다. 그러나 상황에 맞게 행동을 선택하고, 다른 사람보다 먼저 승리 조건을 달성하기 위해서는 적절한 전략을 잘 세워야 한다. 규칙 설명이 끝나고 학생들은 바로 게임을 했다. 아이들은 생각했던 것보다 플레이에 적응을 잘했고 원활하게 진행되었다. 아이들이 게임하는 동안 나는 아이들을 관찰할 수 있었다. 수업할 때 주도권이 교사인 나에게 있어서 잘 발견하지 못했던 부분이 게임을 하면서 관찰자 역할에 서니 눈에 들어왔다. 어떤 아이는 승리와는 상관없이 친구를 골탕 먹이려고 다른 아이가 원하는 카드를 먼저 가져가는 데만 골몰했다. 어떤 아이는 1등을 하기 위해 다른 아이들의 카드를 생각하며 신중하게 선택했다.

첫 번째 시간이 끝나고 두 번째 보드게임 방과 후 시간이 찾아왔다. 시작도 안 했는데 교실 문 두드리는 소리가 났다.

"똑똑똑."

"어, 들어오렴"

"선생님! 저 일주일 내내 보드게임 시간만 기다렸어요!"

말수가 적고 친구들과 관계 맺는 걸 어려워했던 치열이었다. 활짝 웃는 얼굴로 가장 먼저 문을 열었다. 보드게임 수업을 기다렸다는 말에 마음속에서 뿌듯함이 느껴졌다. 고작 손바닥만 한 컴포넌트로 이루어진 물건에 불과한데 이 아이에게는 자신감을 찾아주는 계기가 되어준 것이다. 두 번째 시간에는 치열이가 2등을 했다.

"선생님, 전 잘하는 게 없는 줄 알았는데, 저 〈스플렌더〉는 좀 잘하죠?"

평소 속을 보여주는 아이가 아닌데, 그간 왜 아이가 주눅 들어 있었는지 이유를 알 것 같았다.

학교에서 정해진 교과 교육과정을 운영하다 보면 때로는 아이들의 보이지 않는 면을 놓친다. 발견하려고 애쓰더라도 교육과정을 나가야 하는 책임감이 한계를 긋기도 한다. 보드게임은 이런 부분들을 한 번씩 짚고 넘어가게 도와준다. 아이들 하나하나가 모두 다르듯 세상에는 정말 많은 보드게임이 있다. 이런 보드게임들은 제각각 요구하는 능력이 다르다. 그래서 교육과정에서 요구하는 능력 외에 학생이 가지고 있던 모습을 드러내게 해주기도 한다.

〈스플렌더〉도 좋고 다른 게임도 좋다. 세상에 있는 많고 많은 보드게임을 학생들과 즐기다 보면, 개성 넘치는 우리 아이들의 새로운 장점들을 발견할 수 있지 않을까?

06 학교 공부보다 쉬운
게임 공부

복도에서 소리가 들린다. 커졌다 작아졌다 들쭉날쭉이다. 한참 전에 종례 마친 옆 반 아이들은 아닐 텐데 아이들 소리가 나는 게 이상했다. 이제 일 좀 하려고 하는데 밖이 자꾸만 신경쓰였다. 혹시 아이들이 싸우고 있거나 뭔가 나쁜 일을 하고 있는 건 아닌가 하는 생각이 들었다.

"얘들아!"

몇 발자국 떨어지지 않은 곳에서 아이들을 불렀는데 움찔하는 모습도 없다. 가만 보니 한 아이의 양손에 휴대폰이 가로로 들려 있고 다른 아이들 둘이 어깨를 대고 화면을 보고 있다. 그 작은 화면으로 아이들이 빨려 들어갈 것 같다.

"거기 폰 하고 있는 너희들 말이야! 얘들아!"

그제서야 아이 둘이 고개를 두리번거리더니 나를 올려다 봤다. 한 아이의 두 손에는 스마트폰이 들려있었다.

"너네 뭐하니?"
"폰이요."
"그래? 그런데 학교에서는 게임할 수 없어. 왜냐면…."
"야! 가자!"

내 말이 끝나지도 않았는데 벌떡 일어나 복도를 뛰었다. 나는 입을 다물지도 못한 채 그걸 바라보고 있었다. 조금 전까지 있던 아이들이 순식간에 사라졌다. 묘한 허탈감이 들었고 곧 인정할 수밖에 없다는 생각이 뒤따라왔다.

내가 만났던 어떤 아이는 일주일에 30시간이 넘게 게임을 했다. 부모님은 직장 때문에 늦게 오시고 집에 혼자 남은 아이는 그 긴 시간 동안 게임을 했다. 주말에도 이런 생활이 이어졌다. 학교에서 얼굴을 보면 눈그늘이 볼 가운데까지 내려와 있었다.

게임 시간을 줄여야 했다. 이 아이에게서 게임만 멀어지게 만들 수 있다면 성공이라는 생각이 들었다. 아이를 바꾸려고 별의별 방법을 다 써봤다. 학교 과제를 못 해온 날을 통계로 내서 학부모님 면담을 했고, 데일리 노트를 만들어서 사용해보기도 했다. 혼도 내 보고 고함도 치며 어떻게든 게임하는 물리적 시간을 줄이려고 했다. 하지만 보이지 않는 시간에 아이가 게임을 하는지 하지 않는지 어떻게 알 수 있다는 말인가. 아이의 행동을 바꾸는 건 무척 힘든 일이었다.

"아이가 하는 게임을 직접 해보세요."

어떤 전문가는 문제는 게임이 아니라 아이에게 있다고 하면서 이런 말을 했다. 아이는 〈브롤스타즈〉라는 게임을 했다. 가끔 '오늘은 트로피를 잃었다.' 고 하는데 도대체 그게 무슨 말인지 알 수가 없었다. 전문가의 말 처럼 아이를 이해하려고 게임을 해봤다. 그런데 게임이… 이런… 재미있었다. 게임을 하면서 '음지'에 있는 게임을 '양지'로 끄집어 내야겠다고 생각했다.

우리 반은 학기에 한 번씩 자신이 잘하는 것을 친구들에게 나눠주는 '나눔과 기여' 시간을 갖는다. 나는 그 아이에게 슬쩍 네가 잘하는 게임을 아이들에게 소개해주면 어떠냐고 물었다. 아이는 흔쾌히 그러겠다고 했다. 드디어 교육 기부를 하는 날, 아이는 교실 한가운데로 나와서 〈브롤스타즈〉를 설명했다. 패드를 머리 위로 올려서 화면을 보여줬고 손으로 조작하는 방법도 직접 보여줬다. 아이는 게임에서 사용하는 용어를 속사포같이 토해냈다. 외국인 이름 같기도 하고 공룡이름 같기도 했다. 내가 알아들을 수 있는 말이 없었다. 나는 '잠깐만'을 외치며 아이에게 하나씩 뜻을 물어볼 수 밖에 없었다. 막 외국어를 배우는 사람이 된 것 같았다.

나는 게임 언어에 취약했다. 내가 만약 게임 시험을 본다면 문제를 풀기는 커녕 한 문제도 답을 적지 못했을 것이다. 인정할 수밖에 없다. 게임만큼은 이 아이가 나보다 훨씬 잘한다.

아이는 게임 언어를 익히고 게임환경과 게임 속 세상의 메커니즘을 거의 완벽히 이해했고 주도하고 있었다. 아이는 '게임'을 공부하고 있었던 셈이다. 학교 공부는 그렇게 하기 싫어하는 아이가 게임 공부에는 돌변하는 이유는 무엇일까? 똑같이 새로 배우고 익히고 적용하는 것인데 왜? 어떻게 게임은 아이를 움직일까?

아이들이 하는 여러 가지 게임을 하면서 깨달았다. 게임은 단순한 놀잇감 정도가 아니었다. 게임의 구성요소(미적 요소, 이야기적 요소, 메커닉스, 다이나믹스)들이 서로 버무려지며 아이들의 행동을 너무나 자연스럽게 끌어내고 있었다. 반면에 내가 아이들의 행동을 끄집어내기 위해 하는 행동은 몇 가지 질문이나 필요성에 대한 언급에 불과했다. 뭔가 능숙하게 하려면 자꾸 하고 또 하고 반복해야 하는데 게임은 그 안에 하고 싶게 만드는 이유가 가득 들어 있었다. 어른인 나도 하고 싶은데 아이는 얼마나 하고 싶었을까? 어떤 유명한 철학자는 배우는 게 세상에서 가장 재미있다고 했다. 만일 배우는 과정이 게임처럼 재미있다면 아이들도 게임만큼 몰입해서 하지 않을까? 게임 속에는 아이들을 움직이는 무엇인가가 있다.

07 다른 게임과 '다른' 보드게임의 결

"체육 선생님이 오늘 출장 가셨다고 해. 체육은 다음에 해야 될 것 같…"

"아! 선생님! 그러시면 안 되죠!"

말이 다 끝나지도 않았는데 아이들의 원성이 내 말을 몽땅 먹어버렸다. 신나게 몸을 쓰고 싶은데 교실에 가만히 앉아 있게 됐으니 얼마나 답답할까? 초등학교에서 체육이 어떤 의미인지 교사라면 대부분 안다. 수학 시간에 머리 아프다며 보건실 갔다 온다던 명주는 체육 시간에 땀을 흠뻑 흘리며 피구공을 던졌다. 수학은 매일 하는데 체육은 왜 안 그러냐며 따지는 아이도 있다. 체육은 아이들이 눌러두었던 움직임 욕구를 해방하는 시간이다.

수업 시간을 게임으로 본다면 움직임이 굉장히 제한적인 난이도 높은 슈팅 게임쯤 된다. 대부분 네모난 책상 안쪽에 무릎을 집어넣고 앉아야 한다. 만약 다리가 책상다리 바깥으로 나오면 불량 학생 패널티가 주어질지도 모른다. 수업 시간에 칠판을 보지 않고 뒤를 돌아보는 건 강력한 규칙 위반이다. 선생님이 칠판에 뭔가 적고 있다가 걸리면 높은 확률로 지적당할 수 있다. 마치 '무궁화 꽃이 피었습니다'를 연상시킨다. 아이들에게 기껏해야 허용되는 건 연필이나 지우개를 움직이는 손동작 정도나 발표할 때 손 들고 말하는 정도다. 그러니 얼마나 좀이 쑤실까. 반면 체육 시간은 아이들에게 움직임 욕구를 발산할 무척 중요한 시간이다. 그런데 갑자기 못하게 되었다고 했으니. 얼마나 속이 상할까? 그 마음 충분히 이해가 간다.

한편 나도 당황스러웠다. 당일 아침에 쪽지로 소식을 들었다. 물론 내가 할 수도 있었지만, 그동안 체육 선생님과 해왔던 흐름이 있는데 준비되지 않은 채 하는 것보다는 시간표를 바꾸는 대안이 있으니 아이들에게는 미안하지만, 양해를 구하고 다른 과목을 진행하는 편이 나아 보였다.

"얘들아. 이번 시간 체육인데 말이야… 너희들이 마음은 이해해. 하지만 선생님이 대신해줄 순 없어. 선생님이 해놓으신 교육과정이 있는데 선생님이 그 흐름을 방해하면 안 되잖아."
"왜요? 옆 반은 담임선생님이 했단 말이에요!"

갑자기 이런 공격이 들어올 줄은 몰랐다. 당황했다. 마음이 흔들릴 뻔했다. 하지만 결정한 대로 이야기했다.

"물론 옆 반처럼 할 수도 있지. 하지만, 선생님은 이 이야기를 오늘 아침에야 들었어. 당황스러웠어…. 갑작스럽게 준비하는 게 불가능해. 그래서 수업 시간을 바꿨어. 이번 시간에는 협력 보드게임을 하려고 해."

"보드게임? 우와!"

아이들이 교실이 떠나갈 듯 소리를 질렀다. 월드컵 4강에 올라가는 순간 내가 친구들과 냈던 소리가 이 정도쯤 된 것 같다. 그때가 내 눈앞에 오버랩됐다. 교사로서 아이들의 이런 함성을 듣는다는 건 무척 기분 좋은 일이다. 내 입가에 미소가 번지는 걸 참을 수 없었다. 그건 그렇고 보드게임이 체육시간에 버금가는 인기란 말인가? 꽤 놀랐다.

이유가 있다. 아이들은 게임을 정말 좋아한다. 2022년 한국콘텐츠진흥원에서 발간한 「2022 아동 청소년 게임행동 종합 실태조사」에서 초등학교 2~3학년 아동 중 68.8%가 게임을 이용한다고 하였고 초등학교 4학년부터 고등학교 3학년까지 청소년 중 게임이용자는 82.7%나 된다. 통계적으로 70%가 넘는 수치는 잘 나오지 않는 수치라고 하는데 이정도면 우리나라 학생 중 대부분 게임을 한다고 봐도 될 만하다. 아이들에게 게임이란 자연스럽고 누구나 하는 하나의 문화라는 것을 알 수 있다.

'우리 아이가? 게임에 빠져 있다고?'

하지만 이러한 통계자료를 보고 이런 생각이 불쑥 떠오를 수 있다. 나도 꽤 높은 수치에 놀랐다. 그러니 학부모나 교사들은 더 의아할 수 있다. 이런 현상의 이면에는 아마 '게임'이라는 단어가 가지고 있는 부정적인 인상이 크게 작용하지 않았나 싶다.

모든 단어는 가치중립적이다. 하지만, 다양한 사회적 해석과 경험으로 단어마다 각기 다른 감정을 느끼게 되고 이에 따라 어떤 신념이 생긴다. 가령 '사랑'이라는 말을 떠올렸을 때 어떤 사람은 감동적이고 행복한 감정이 떠오를 수 있지만 어떤 경우에는 상처와 좌절 등의 부정적인 감정이 떠오를 수 있다. 감정은 우리가 그다음 행동을 하는 데 큰 영향을 주기 때문에 단어에서 느껴지는 감정은 삶에 연결된다. '게임'은 폭력성과 중독을 조장한다는 이슈가 끊임없이 존재하고 사행성을 비롯해서 범죄적 사건과도 연결되면서 우리 사회에서 부정적인 느낌이 매우 강하게 드는 낱말이다. 빌 게이츠의 사례를 보면 이런 현상의 단면을 유추할 수 있다.

빌 게이츠는 "게임은 21세기에 가장 경쟁력 있는 산업"이라고 평가한다. 그럼에도 불구하고 자신의 자녀들에게는 14세가 될 때까지 스마트기기를 주지 않는다. 그는 2017년 영국 더머리어 인터뷰에서 자신의 딸이 열 살일 때 하루에 2~3시간씩 게임을 하는 걸 목격하고 이대로는 안 되겠다고 생각했다고 한다. 비디오 게임이 주는 영향을 직감한 것이다. 빌 게이츠는 사고하는 힘은 아날로그식인 책이나 대화에서 나온다고 생각했다. 자식이 게임에 빠진 채 생활을 조절하지 못하다면 빌 게이츠가 아니더라도 게임에 대한 부정적인 신념이 생길 수 있다. 당연한 현상이다.

한편 이런 면에서 좀 억울한 게 보드게임이다. 보드게임은 게임보다 사회적인 역할로 다가왔다. 전통 보드게임인 윷놀이는 명절에 서먹했던 친척들과 친밀감을 형성하는 용도로 주요 쓰였다. 우리나라에서 대표적으로 했던 보드게임 중에 〈부루마블〉이 있지만, 그걸 하면서 '게임중독'을 연상하지는 않는다. 그런데 화투나 포커 같은 사행성 게임이 범죄와 연루되고 비디오 게임이 중독과 연결되면서 보드게임에도 은근하게 이런 느낌이 스며들었다. 보드게임 입장에서는 억울할 만하다.

아날로그 게임인 보드게임은 자동이 없다. 모두 자발적인 의지로 잡고 움직이며 수 계산을 해야 한다. 게다가 비디오 게임처럼 흥미를 돋우는 메커닉스와 다이나믹스, 미적요소, 이야기로 구성되었다. 예측하지 못하는 변수들이 운으로 작용한다. 어떤 사람과 하는지에 따라 다르고 배경지식에 큰 영향을 받지 않는다. 게임으로 오염된 부정적인 감정만 걷어내면 빌게이츠가 말한 사고력을 보드게임에서 기를 수도 있는 것이다.

우리 사회의 다양한 분야에서 사람들의 행동력을 끌어내기 위해 게임의 메커니즘을 사회의 다양한 분야에 적용하고 있다. 게임은 이제 선택이 아니라 필수다. 보드게임은 이를 배움과 흥미 두 마리 토끼를 잡는 데 훌륭한 도구가 되어 줄 것이다.

08 호모 파이루두스
: 보드게임 하는 인간

어린아이는 세상으로 나온 이후 밥 먹는 시간, 잠자는 시간, 똥 누는 시간을 빼고 끊임없이 세상을 탐색하며 논다. 마치 '내 사전에 휴식은 없다'라고 선언이라도 한 것처럼 쉬지 않는다. 바닥에 등을 대고 살던 시기에는 부스럭거리는 천 하나 가지고도 한참을 시간을 보내지만, 크면서 노는 방식이 조금씩 달라진다. 개인차가 있겠지만 주변을 점점 더 넓게 돌아다닌다.

눈에 보이고 손에 잡히는 것은 만지고 긁고 후빈다. 입에 넣기도 하고 손으로 잡고 흔들고 던지기도 한다. 그러면서 자신의 주변을 체험한다. 간혹 어떤 질서를 발견하고 만들기도 한다. 이유식 통 뚜껑과 통이 맞는다는 것을 발견하고 맞춰보려고 낑낑대기도 하고 PET병을 세워보려 하거나 레고 블록이 서로 끼워진다는 걸 알고 끼워보려고도 한다. 버튼을 누르면 전자기기가 움직이는 모습을 발견하기도 한다. 태어난 지 1년도 안 된 아이가 이렇게 놀고 있으면 깜짝 놀란다.

프랑스의 놀이학자 로저 카유아Roger Cailois는 『놀이와 인간』에서 '놀이'의 원동력을 두 가지로 분류한다. 하나는 하고 싶은 대로 자유롭게 탐구하고 에너지를 분출하려는 원초적인 힘인 '파이디아Paidia'다. 마음 속에 뭔가 하고 싶은 충동이 불끈 올라오는 힘을 말한다. 이 힘은 즉흥적이고 야단법석을 떨며 제멋대로이고 소란스럽다. 예를 들어 앞서서 설명한 아이처럼 아무 물건이나 건드리고 잡고 맛보고 떨어뜨려 하는 충동 같은 것이다. 아이가 손으로 잡고 물고 빨고 하는 것도 다 여기에 해당한다. 때로는 무섭고 두려움을 느끼면서도 계속하려는 것도 '파이디아'다.

또 다른 것은 이유 없이 어려움을 추구하려는 힘이다. 이를 '루두스Ludus' 라고 말한다. '루두스'는 명확하고 정교한 규칙과 질서를 추구하려고 한다. 모든 스포츠, 두뇌를 쓰는 보드게임, 룰렛, 연극, 공연, 공중곡예 등이 여기에 해당한다. 루두스가 높아질수록 더 어렵고 복잡하다. 아이가 플라스틱 병을 세우려고 하거나 버튼을 눌러 전자기기를 켜려고 하는 것이 루두스라는 힘이 움직여서 그렇다고 볼 수 있다.

이렇게 보면 마치 파이디아가 수준이 낮고 루두스가 높은 것 같지만 그렇지 않다. 둘은 공존하며 삶 전체를 통해 우리 안에 존재하는 힘이다. '루두스' 인 스포츠 게임을 하다가 '파이디아'인 소리치며 방방 뛰기를 하거나 비가 내리는데 문득 비 맞으며 축구를 할 수도 있다.

보드게임은 기본적으로 '루두스'를 바탕으로 띄는 것 같지만 플레이어 역할을 하면서 자신이 아닌 플레이어로서 행동하며 '파이디아'를 발산한다.

〈한밤의 늑대인간〉 보드게임을 했던 이야기다. 이 게임은 두 팀으로 나누어 사람마다 기본적 역할을 갖게 된다. 자신의 역할만 알고 다른 사람이 어떤 역할인지를 모르고 게임을 시작한다. 게임에 들어가면 자유롭게 이야기를 한다. 다른 사람의 정체를 알기 위해서 나를 감추기도 하고 대놓고 드러내기도 한다. 평소에 말수가 적은 아이가 게임에서는 말이 많아지는 경우가 있다. 그러면 의심을 산다. 이게 맞기도 하고 큰 착각으로 이어지기도 한다.

철희는 평소에 말이 많다. 다른 사람 일에 개입해 도와주려고 하는 편이라 쉬는 시간만 되면 늘 아이들이 근처에 있다. 남녀를 가리지 않는 활발한 성격이다. 방과 후에 남아서 게임을 하는데 웬일인지 조용하다. 앞장서서 이야기를 하며 주도할 텐데 가만히 있는 게 이상하다.

"철희! 너는 왜 가만히 있어?"

장현이가 평소와 다른 철희의 모습이 수상한가보다. 철희는 당황해서 적극적으로 변호한다.

"누가 누군지 모르는데 어떻게 말해. 이렇게 말하는 너도 의심스러워!"

철희가 오히려 자신을 지목한 장현이를 슬쩍 떠본다. 장현이는 화들짝 놀라 당황한 기색이 역력하다.

"뭐가! 난 시민 팀이야. 나 확실하다고. 난 정체를 공개할 수도 있어!"
"뭔데 말해봐!"
"나? 저녁에 일어나는 사람이야. 아니 아니. 저녁에 일어나지 않았어."

내가 지켜보기에 거짓말하는 것 같지는 않았는데 말이 한번 뒤집히니까 아이들의 의심을 사기 시작했다. 무척 억울하다는 표정으로 진심을 말하고 있었지만, 아이들은 확신한 눈초리다. 오히려 크게 부인하는 게 수상하다는 쪽으로 여론이 움직이고 있었다. 한 아이가 장현이가 의심스럽다고 말하니까 철희가 그 말을 낚아챈다.

"나도 장현이가 늑대인간으로 의심스럽긴 했는데, 아까 말하는 거 보니까 좀더 확실해진 것 같아."

정말 이대로 장현이가 공개될 것 같은 분위기다. 장현이가 정말 늑대인간이면 아까 실수가 결정적일 것 같다. 하지만 정말 잘못 말한 거라면 장현이의 실수로 늑대인간을 못 찾고 시민이 지게 된다. 늑대인간이 장현이로 몰린 순간 철희가 장현이에게 기회를 줬다.

"장현아, 그럼 니가 아닌 이유를 말해봐!"
"나는 일반 시민이야. 정말이야. 그런데 당황해서 말이 헛나왔을 뿐이야. 너희도 그럴 때 있잖아. 자신이 정말 그럼 시민이라고 생각하는 사람 손들어봐!"

시민이 2장인데 장현이 포함해서 세 명이 손을 들었다. 누군가 한 명은 거짓으로 든 셈이다. 가만 보니 철희도 손을 들었다. 결국 장현이가 지목당했다. 꼼짝없이 정체를 공개해야 됐다. 장현이는 억울하다고 끝까지 말했지만, 친구들은 변하지 않았다.

"하나, 둘, 셋!"

"어 뭐야 아닌데?"

"나 아니라고 했잖아!"

"그럼 누가 늑대인간이야?"

"자 그럼 정체를 공개할까?"

돌아가면서 한 명씩 역할을 공개했다. 철희 차례다. 태연한 얼굴로 역할 카드를 뒤집었고 앞면이 나오자 탄성이 터져 나왔다.

"이럴 수가!"

철희가 늑대인간이었다. 아이들은 어떻게 된 거냐고 궁금해했다. 철희의 웃음소리가 점점 교실 가운데 울려퍼졌다. 철희는 장현이가 실수로 말을 잘못 말한 것부터 자신이 살아나갈 틈이 생긴 이야기까지 시민인 척 손을 들어서 장현이가 거짓말한 것처럼 유도한 이야기를 풀어냈다. 아이들은 기가 막힌다면서 깔깔깔 웃었다.

위 사례에서 보듯이 규칙이 잘 짜진(루두스) 보드게임을 하면서 남을 속이고(파이디아) 게임이 끝날 무렵에는 긴장이 풀어지면서 크게 웃는 순간이 만들어졌다.

보드게임은 루두스적 정교함에서 오는 긴장과 게임이 진행되면서 수시로 찾아오는 재미와 설렘 같은 파이디아적 요소가 잘 버무러진 게임이다. 그래서 모든 사람들의 마음속에 가지고 있는 파이디아와 루두스의 힘을 마음껏 발산하게 하니 아이들이 자꾸 하려는지도 모르겠다. 보드게임 하는 인간을 이렇게 정의하려고 한다. '호모파이루두스'. 우리는 모두 '호모파이루두스'적 기질을 가지고 있다.

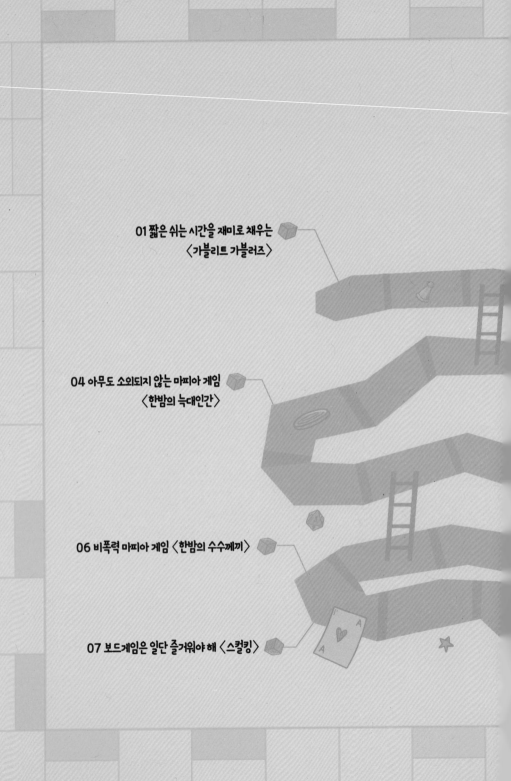

아이를 세상으로
초대하는 보드게임

01 짧은 쉬는 시간을 재미로 채우는 〈가블리트 가블러즈〉

어느 날 쉬는 시간에 아이들을 보고 있었다. 책을 읽는 아이 하나, 가수의 춤을 따라하고 있는 아이들 넷을 제외하면 대부분 이야기를 하고 있거나 멍하게 자리에 앉아 있었다. 그 모습을 보니 '아이들에게 놀거리가 부족한 건 아닐까?' 하는 생각이 들었다. 운동장이나 체육관에서 뛰어놀고 오기엔 10분이란 시간은 너무 짧고, 교실에서 뛰어놀기엔 안전하지가 않다. 친구들과의 수다는 물론 재미있는 것이지만 이야깃 거리가 항상 있는 것도 아니고, 때로는 지겨울 때도 있다. 쉬는 시간 아이들의 활동에 선택지를 넓혀주고 싶었다.

학교에서 선생님들과 배우고 있는 보드게임을 아이들과 함께 해보기로 했다. 선생님들과 다양한 보드게임을 플레이해보니 아이들의 사고력, 관찰력, 의사소통 능력 등을 키울 수 있어 교육적 효과도 있을 뿐더러 무엇보다 재미있었다. 어른인 선생님들도 보드게임을 하다 보면 각 보드게임들이 가진 다양한 재미에 빠져들어 아이처럼 즐거워한다. 또 교실에서 하기에 안전하고 다른 사람에게 피해를 주는 경우도 거의 없다.

'어떤 게임을 같이 해볼까?'

다양한 보드게임 중 내가 찾는 보드게임에는 몇 가지 조건이 있다.

우선 규칙이 간단하고 설명하기 쉬운 게임이어야 한다. 우리 반 아이들은 대부분 보드게임을 해보지 않은 초보 플레이어였다. 복잡한 규칙은 보드게임 초보자 아이들에게 거부감을 갖게 한다. 또 플레이 해본 아이가 처음 하는 아이에게 규칙을 알려주는 경우도 있을텐데 규칙이 복잡해 설명이 길어지면 두 아이 모두 부담을 느낀다.

플레이를 위한 준비와 플레이 시간이 길지 않아야 했다. 10분이라는 짧은 쉬는 시간에 보드게임을 위한 도구들을 준비하고, 적어도 한판은 플레이한 후 정리까지 끝내야 하기 때문이다. 그래야 정리된 교실에서 정리된 마음으로 아이들과 선생님 모두 수업에 집중할 수 있다.

그런 조건들을 바탕으로 선택한 보드게임이 〈가블리트 가블러즈〉다. 규칙은 매우 간단하다. 두 사람이 '가블러'란 말을 번갈아 가며 둔다. 3×3의 판에서 가로, 세로, 대각선 상관없이 한 줄을 먼저 만드는 사람이 승리하게 된다. 아이들이 좋아하는 빙고와 비슷한 느낌이어서 이해하기 쉬우리라 생각이 들었다. 또 어른들은 오목을 떠오르게 하는 규칙이다. 이런 비슷한 규칙을 가진 게임은 많지만 〈가블리트 가블러즈〉의 큰 특징은 가블러들의 크기가 세 종류라는 것이다. 큰 가블러는 작은 가블러를 덮어버릴 수 있다. 이 부분에서 〈가블리트 가블러즈〉의 재미가 생긴다.

플레이를 위해 플라스틱 막대 4개를 ♯(우물 정)자 모양으로 끼워 3×3의 판을 만든다. 그리고 서로 3개 크기의 말 6개를 꺼내면 준비가 끝난다. 말들을 번갈아가며 두면서 3개가 한 줄로만 연결되면 승리하기에 플레이 시간은 대부분 한판에 5분 이내였다.

아이들은 플레이를 하면서 2개밖에 없는 가장 큰 가블러를 어떻게 사용하느냐가 중요함을 깨닫고 세 가지 크기의 가블러들을 어떤 순서로 사용할지 고민한다. 공격에 중요한 위치에는 큰 가블러를 두고, 내 가블러로 작은 가블러들을 덮으면서 보드게임을 즐긴다. 그러면서 아이들이 깨닫는 전략은 가장 큰 가블러를 중앙에 먼저 두는 것이다. 중앙에 가장 큰 가블러를 두면 다른 가블러로 덮을 수 없어서 다른 곳으로 옮기지 않는 한 공격에 중요한 위치인 중앙을 빼앗기지 않는다. 그 자리를 차지하기 위해 먼저 두는 '선'이 되고 싶어 한다.

하지만 꼭 먼저 두는 선이 이기는 게임이 되지는 않는다. 가블러 3개로 한 줄만 연결하면 승리하는 게임이기에 〈가블리트 가블러즈〉는 꽤 속도감이 있다. 한 수 한 수를 신중하게 두지 않으면 상대는 어느새 한 줄을 연결해버린다. 뒤늦게야 자신이 이길 기회를 놓쳐버렸음을 깨닫는 경우도 많다.

"아, 아까 이거 옮겨서 덮어버렸으면 됐는데!"
"뭐야, 언제 두 개가 연결되어 있었어?"
"에, 여기 밑에 네 가블러가 있었네?"

이런 말이 플레이하는 아이들의 입에서 나온다. 아이들과 같이 하던 나도 마찬가지였다.

아이들의 반응이 괜찮았기에 학급 전체가 플레이하는 기회를 만들어보기로 결심했다. 4명을 한 모둠으로 만들고 각각 아이들이 모두 한 번씩 경기 하도록 하여 승리한 수에 따라 순위를 정했다. 〈가블리트 가블러즈〉 게임은 승패가 빠르게 결정되기에 20분 정도 만에 대부분의 모둠이 여섯 번의 경기를 모두 끝냈다. 순위가 정해진 후 같은 순위의 아이끼리 다시 모둠을 만들어 게임을 진행했다. 비슷한 수준의 친구들을 만난 아이들은 승부욕을 가지고 게임에 더 집중했다. 1위 모둠에서 다시 1위를 결정하는 경기에는 다른 아이들도 관심을 가졌다.

"선생님, 현수 엄청 잘해요. 지금까지 한 번도 안 졌어요."

이 말을 듣는 현수의 표정에서 당당함과 기쁨이 스물스물 배어 나왔다.

아쉬운 점이라면 2인 플레이만 가능하다는 점이다. 바둑이나 오목, 장기처럼 말이다. 그래서 다인수 학급에서 한 번에 플레이하려면 많은 세트가 필요하다. 그럴 때는 직접 만드는 것도 좋은 방법이 될 수 있다. 세 가지 크기의 종이컵으로 아이들이 직접 가블러들을 만들면 된다. 자신의 개성이 드러나고 노력이 들어간 가블러들에게 아이들은 더 애정을 가진다. 또는 둘이 협의해가면서 말을 움직이는 방법도 있다. 2:2로 플레이하게 되므로 더 적은 세트로도 학급에서 플레이가 가능해진다. 아이들의 의사소통 능력과 협력 능력도 키울 수 있다.

내가 학생일 때, 짝꿍에게 연습장 제일 뒤를 펼치면서 '오목 한 판 할래?'라고 했던 것처럼 쉬는 시간 심심한 우리 반 아이들이 할 수 있는 하나의 놀이로 〈가블리트 가블러즈〉는 자리를 잡았다. '다음에는 어떤 보드게임을 아이들과 함께 해볼까?' 새로운 고민을 시작했다.

02 순간 집중력을 키워보자
〈도블〉

내가 아이들에게 키워주고 싶은 능력이 있다면 바로 집중력이다. 무엇을 하든 집중을 하느냐 하지 못하느냐에 따라 많은 것이 달라진다. 같은 시간과 장소에서 공부했음에도 학습 수준과 속도가 달라지고, 그것들이 누적되면 인생이 달라질 것이다. 그런 생각 때문에 수업을 하다 집중을 하지 못하는 아이가 있어 보이면 "집중해야지~"라고 말하거나 눈빛으로 신호를 주게 된다.

그러나 공부를 통해 아이들 집중력을 향상시키기는 많이 어렵겠다는 생각이 들었다. 공부 자체가 이미 어려운 일이기 때문이다. 하지만 보드게임을 통해 집중력을 연습한다면 재미도 있고 일석이조다.

아이들이 쉽게 배우고 많이 할 수 있을 듯해 〈도블〉을 골랐다. 〈도블〉은 교실에서 활용하는 보드게임 중 기본이라 불릴만한 게임이다. 보드게임을 활용하는 교실에는 〈도블〉이 한 개씩은 있다.

〈도블〉이 교실 속 보드게임의 기본이 된 가장 큰 이유는 기본 규칙이 매우 간단하다는 점 때문이다. 동그란 카드를 가지고 게임을 하는데, 카드 두 장을 비교하여 공통된 그림을 찾아내는 것이 기본 규칙이다. 각 카드에는 8개의 다른 그림이 그려져 있는데, 신기하게도 골라낸 두 장의 카드 속에는 중복되는 그림이 반드시 하나씩 있다.

출처 : 코리아보드게임즈

▲ 도블의 기본 규칙 예시

이 기본 규칙을 이용하여 트럼프처럼 카드와 사람만으로 다양한 게임을 할 수 있다. 〈도블〉의 규칙서에 탑 쌓기, 우물파기, 뜨거운 감자, 독이 든 선물, 세 쌍둥이, 이렇게 다섯 가지의 미니게임이 소개되어 있다. 가장 많이 하는 게임은 탑 쌓기 게임이다.

〈도블〉 - 탑 쌓기 진행하기

1. 모든 카드를 섞고, 각 플레이어들은 카드를 한 장씩 뒷면이 보이도록 가진다.

2. 나머지 카드는 가운데에 모아 더미를 만들고 그림이 보이도록 둔다.

3. 게임이 시작하면 플레이어들은 동시에 자신이 가진 카드를 뒤집는다.

4. 가운데 카드 더미의 제일 위 카드와 자신의 카드에서 같은 그림을 찾는다.

5. 가장 빨리 찾은 플레이어는 그림을 외치며 더미의 카드를 가져와 자신의 카드 위에 덮는다.

6. 더미의 카드가 없어지면 게임은 종료된다.

7. 가장 많은 카드를 가진 사람이 승리한다.

게임이 시작되면 아이들은 카드 두 장의 그림을 빠르게 비교해야 하기 때문에 순간적인 집중력과 시각적 인지력을 필요로 한다. 〈도블〉의 그림들은 순서 없이 흐트러지듯 그려져 있고, 크기도 들쭉날쭉이여서 그림을 비교하기가 쉽지 않다. 그러다 보니 모두 그림을 보느라 조용해진다. 1분도 되지 않을 그 시간의 집중력이 대단하다.

"선생님, 이 카드는 같은 그림이 없어요!"

때때로 이렇게 외치는 아이가 있다. 마음이 급해져 집중하지 못한 것이다.

"분명 같은 그림이 있어. 차분하게 찾아 봐."

침착하게 다시 자신의 집중력을 찾아가도록 선생님이 독려해야 한다. 혹

집중력을 회복하지 못할 때는 선생님이 뒤에서 은근하게 도움을 주거나 아예 게임에 같이 참여하는 것도 좋다.

〈도블〉을 할 때면 '아, 이걸 뭐라고 하더라.' 하는 탄식을 자주 듣는다. 같은 그림을 찾았지만, 그림을 뭐라고 표현해야 할지 떠오르지 않아서다. 여러 번 게임을 하면서 게임 속에 나오는 다양한 그림들과 그것을 표현하는 말들이 연결되면서 점점 반응 속도가 빨라진다.

간단한 주요 규칙을 이용하여 다인수 학급에서 단체 경기로도 〈도블〉을 즐길 수 있다. 아이들을 몇 개의 모둠으로 나누고, 각 모둠별로 한 줄로 선다. 그리고 아이들에게 카드 한 장씩 준다.

선생님이 시작 신호를 주면 각 모둠 아이들은 앞에서부터 자신의 뒤 아이의 카드와 비교를 시작한다. 같은 그림을 찾으면 자신의 그림을 뒷사람에게 넘긴다. 모둠원들의 카드가 가장 마지막 아이에게 가장 빨리 모아지는 모둠이 승리하게 된다. 반 전체의 단결심을 기르고 싶다면 릴레이를 반 전체로 하되, 목표시간을 설정하는 방법도 가능하다. 정해진 규칙을 지키며 반 전체가 목표를 이루는 경험은 아이들을 하나로 만들어준다.

〈도블〉은 다양한 버전이 있다. 동물원, 마블, 디즈니, 미니언즈, 포켓몬, 해리포터, 쿠키런 킹덤 등 아이들이 관심 있어 하는 캐릭터뿐 아니라 알파벳, 기본 영어단어 버전도 있다. 다양한 버전을 이용해 〈도블〉에 대한 아이들의 흥미도 키우고 학습도 같이 할 수 있다.

새학년이 되어 교실을 옮기고 교구장을 열자 〈도블〉의 틴 케이스가 굴러 나왔다. 찌그러진 케이스를 힘겹게 여니 손때가 잔뜩 묻고 너덜너덜해진 〈도블〉이 있었다. 이 교실의 아이들에게 얼마나 많은 사랑을 받았을지 짐작이 되었다. 아이들이 〈도블〉을 통해 보드게임의 재미를 깨닫고 집중력을 키워나 갔을 모습이 상상되어 흐뭇한 마음이 들었다.

03 반복을 즐거워하는 비밀
〈타임즈 업 패밀리〉

"선생님, 그 말이 무슨 뜻이에요?"

"아니, 다 배운 단어들이잖아. 기억 안 나니?"

한 단원이 끝나는 마지막 차시, 단원 평가 시간에 이런 질문이 나오면 머리가 지끈거리고 목이 아파온다.

'다시 설명해야 하나?'

'어디서부터 모르는 거지?

'또 누가 모르는 거야?'

'혹시 내 설명이 너무 어려웠나?'

여러 생각들이 순간적으로 머리를 지나간다. 혹시나 하는 마음에 물어봤다. "이 단어 뜻 아는 사람? 기억나는 사람 손 들어보세요." 서너 명이 쭈뼛거리며 손을 든다. 몇 명의 아이들은 내 눈을 피하기도 하고, 어떤 아이들은 처음 듣는 단어라는 듯이 맑고 순진한 눈빛으로 나를 바라봤다.

이런 상황이 자주 있다. 여러 개념을 배우는 사회나 과학 교과에서 특히 자주 발생한다. 교사의 교수학습 방법이나 아이들의 집중력이 부족해서가 아니다. 개념을 배우고 여러 번 반복해서 익히는 게 중요하지만, 아이들은 참 반복을 어렵고 지겨워한다. 그렇게 해야 함을 모르는 경우도 많다.

이 순간 고민이 시작된다. 반복 학습에 아이들을 즐겁게 참여시킬 방법은 없을까? 〈타임즈 업 패밀리〉 시리즈가 하나의 힌트가 될 수 있다.

여러 팀으로 나누어서 스피드 퀴즈를 하고 많이 맞힌 팀이 승리하는데 몇 가지 변화가 추가되어 있다. 포인트는 같은 단어를 사용하여 3라운드를 진행한다는 점과 라운드별로 모든 카드를 맞춰야 다음 라운드로 넘어간다는 점이다. 틀린 카드는 각 팀이 돌아가면서 맞힐 때까지 계속 반복해서 도전한다. 그 과정에서 힌트를 주는 아이든 맞히는 아이든 계속 반복해서 정답을 생각하게 된다. 반복학습이 절로 된다. 교사들이 가장 원하는 부분이다.

또, 이 게임은 모든 팀이 같은 카드로 게임을 한다. 팀별 게임을 반에서 진행하다 보면 아이들의 집중력이 떨어지는 순간이 생긴다. 대부분 그런 순간은 자신들의 차례가 아니어서 특별히 할 일이 없을 때 일어난다. 아이들은 멍하니 있거나 서로 장난을 치기도 한다. 이런 일이 일어나면 지도하는 교사도 게임을 중간에 끊을지 말지 고민이 된다. 〈타임즈 업〉은 그럴 필요가 없다. 다른 팀이 맞히지 못하는 카드는 다음 차례에 내가 맞히는 카드다. 다른 팀의 힌트는 우리 팀에게도 힌트가 된다. 승부욕이 발동한 아이들은 그걸 깨닫고 눈에 불을 켜고 다른 팀의 힌트에 집중하게 된다.

처음에는 아이들과 즐기며 규칙을 익힌다. 빠르게 떨어지는 모래시계를 의식하며 말로, 단어로, 몸짓으로 주어지는 힌트를 보며 정답을 맞힐 때면 점점 반 분위기가 좋아진다. 그렇게 기분이 좋아진 상황에서 누군가가 예상하지 못했던 센스 넘치는 힌트를 내면 반 전체가 큰 소리로 웃는다. 가끔 교사도 참여해 약간은 과장된 표정이나 몸짓으로 힌트를 주면 아이들은 더욱 즐거워한다.

그렇게 게임에 익숙해진 후, 게임에 사용할 단어 카드를 아이들이 직접 만들게 하면 좋다. 한 단원 학습이 끝난 후, 단원의 중요 키워드를 직접 정해보라고 하면 학습에도 도움이 된다. 그 단어들로 게임을 하면서 아이들은 자신도 모르게 공부한 개념들을 반복 학습하는 것이다. 즐겁기도 한데다 게임을 마치고 나면 단어들이 머리에 저절로 입력되어 있으니 얼마나 좋은가. 보드게임과 함께 즐거운 반복 학습을 해보자.

〈타임즈 업 패밀리〉 진행하기

1. 한 팀에 두 명 이상이 되도록 팀을 나눈다.

2. 카드에 있는 단어 중 초록색 단어를 맞힐지, 주황색 단어를 맞힐지 정한다.

3. 단어 카드 30장을 가져와서 고르게 나누어 가지고 비공개로 카드를 확인한다. 단어가 어려울 시 다른 카드로 교체한다.

4. 카드를 전부 모아 잘 섞은 후 뒷면으로 모은다.

5. 게임은 카드 30장을 가지고 3라운드로 진행한다. 라운드별로 30장의 카드를 돌아가며 스피드게임 방법으로 진행한다.

6. 자기 순서의 팀은 모래시계의 시간이 다 될 때까지 자신의 팀에게 힌트를 준다.

7. 정답을 맞히면 카드를 앞면으로 내려놓는다. 정답을 틀리거나 패스를 하면 카드를 뒷면으로 내려놓는다.

8. 모래시계 시간이 다 되면 정답을 맞히지 못한 카드만 잘 섞어 다음 팀에게 넘겨준다.

9. 모든 카드의 정답을 맞힐 때까지 돌아가면서 맞히기를 반복한다.

10. 라운드별로 맞힌 카드는 각 팀의 점수가 된다.

11. 라운드가 끝나면 다시 30장의 카드를 모아 다음 라운드를 진행한다.

12. 라운드별로 힌트를 줄 수 있는 방법과 정답을 맞히기 위한 시도 횟수 제한이 바뀐다.

13. 라운드별 점수를 합산하여 가장 높은 팀이 승리한다.

라운드	힌트 주는 방법	정답 시도 횟수
1	자유롭게 말 사용	무제한
2	카드 1장당 한 단어	1회 시도
3	몸짓만 사용	1회 시도

출처 : 팝콘게임즈

04 아무도 소외되지 않는 마피아 게임
〈한밤의 늑대인간〉

3월 2일, 학년을 새로 시작하는 첫날은 누구에게나 긴장되는 날이다. 교사들도 새로운 학생들을 마주하며 긴장하고, 아이들도 새로운 담임 선생님과 친구들을 만나며 긴장한다.

그런 아이들에게 가장 큰 위안이면서도 걱정인 건 역시 친구 관계이다. 아이들의 3월 일기를 보면 '같은 반에 친한 친구들이 있어서 다행이었다', '나만 다른 반이고 나머지 친구들은 같은 반이 돼서 너무 속상하다' 등 친구 관계에 대한 내용이 많다.

아이들은 새로운 교실에서 친한 친구를 만들기 위해 노력한다. 이미 알고있는 친구들을 불러 모으기도 하고, 새로운 친구를 사귀기 위해 적극적으로 말을 걸기도 한다. 간혹 소외된 친구들에게 먼저 다가가 주는 마음씨 고운 아이들도 있다. 서로 인사를 나누고, 좋아하는 것을 물어보고, 재밌는 놀이를 하며 아이들은 자연스럽게 친해진다.

아이들이 친해지는 과정을 관찰하면 규칙이 쉽고 여러 사람이 함께 할 수 있는 놀이를 주로 하는 것을 볼 수 있다. 〈아이 엠 그라운드〉, 〈무궁화꽃이 피었습니다〉, 〈마피아 게임〉 같은 것들이다.

그중에서도 가장 많이 보이는 놀이가 〈마피아 게임〉이다. 우리 사이에 위험한 마피아가 숨어 있고, 그 마피아를 찾아서 추방하지 않으면 공격당해 죽는 사람이 생긴다. 아이들은 마피아를 찾는 과정에서 스릴을 느끼며 굉장히 흥미진진해했다. 간혹 토론 끝에 누가 마피아인지 정확히 찾아낼 때면 즐거운 함성이 들리기도 했다.

〈마피아 게임〉은 여러 아이가 두루 함께할 수 있는 좋은 놀이지만, 가끔 아쉬운 점이 보이기도 했다. 게임을 이끌어 나가는 것은 대부분 적극적이고 친구가 많은 아이였다. 친구가 없거나 소심한 아이들은 게임이 끝날 때까지 다른 사람 의견에 끌려다니기만 할 때도 있다.

그런 상황을 보며 모든 아이가 똑같이 마피아 게임에 참여할 수 없을지 고민했다. 그렇게 만나게 된 게임이 〈한밤의 늑대인간〉이었다. 한밤의 늑대인간은 마피아 게임을 응용한 보드게임이다. 기존의 마피아 게임의 재미는 유지하면서도 단점을 보완해 누구나 즐길 수 있도록 만들어졌다.

 **〈한밤의 늑대인간〉 진행하기**

1. 게임 전에 교실 공용 태블릿 PC 등에 〈한밤의 늑대인간〉 어플을 설치한다.

2. 플레이하는 사람보다 3개 더 많게 역할 카드를 고른다. 역할 카드는 게임을 하는 사람들끼리 상의하여 좋아하는 것으로 고른다.

3. 〈한밤의 늑대인간〉 어플에서 고른 역할들을 선택하고 게임을 시작한다. 어플에서 지시하는 대로 일어나 자신의 역할을 수행한다.

4. 각자 역할 수행이 끝나면 서로 토의하여 누가 늑대인간인지 맞힌다.

5. 늑대인간을 정확히 맞히면 시민 측의 승리, 늑대인간을 맞히지 못하면 늑대인간 측의 승리이다.

6. 게임의 세부 규칙이나 승리 조건 등은 어느 역할을 고르느냐에 따라 달라질 수 있다.

게임에 나오는 역할은 총 12개이다. 게다가 어떤 역할은 다른 역할과 협력해야 하기도 하고(하수인), 다른 역할에 대해 모두 알고 있어야 하기도 하며(도플갱어), 조건에 따라 해야 하는 행동이 달라지기도 한다(늑대인간).

〈한밤의 늑대인간〉은 처음 플레이할 때는 어렵게 느껴질 수 있다. 처음 할 때는 아이들의 수준에 맞춘 조정이 필요하다. 되도록이면 쉬운 역할을 골라 게임을 구성하고, 게임을 잘 아는 사람이 사회자를 맡아 역할마다 해야 하는 일을 짚어주는 것이 좋다. 게임 전용 어플과 설명서의 도움을 받을 수도 있다. 어플과 설명서 모두 게임 진행법을 자세히 설명해주고 있다. 게임에 익숙해진 후에는 아이들끼리 진행하는 것도 가능하다.

▲ 역할 카드들   ▲ 전용 어플 화면

〈한밤의 늑대인간〉의 장점은 크게 두 가지로 나눌 수 있다. 첫 번째, 어플이 있다면 사회자 없이 게임을 할 수 있다. 〈마피아 게임〉처럼 사회자가 필요한 게임은 사회자의 역할이 아주 중요하다. 사회자에 대한 의존도가 크면 사회자와 친한 사람 위주로 중요한 역할이 돌아갈 수 있고, 사회자 본인이 게임을 즐기기 어렵다. 〈한밤의 늑대인간〉은 역할 카드를 섞어서 무작위로 역할이 정해지며 어플을 켜고 어플의 지시를 따르면 되기 때문에 다 함께 게임을 즐길 수 있다.

두 번째, 모두가 능동적인 역할을 하나씩 맡게 된다. 〈마피아 게임〉은 시민 역할을 맡을 경우 할 수 있는 행동이 제한적이다. 시민은 마피아, 의사, 경찰이 모든 행동을 마칠 때까지 기다려야 하며 마피아를 추측하는 것도 다른 역할이 한 행동에 따라 추측해야 한다. 반면 〈한밤의 늑대인간〉은 모든 사람이 맡은 역할에 따라 적극적으로 행동해야 한다. 역할 카드를 나눠 가질 때마다 아이들은 이번엔 내가 어떤 역할을 맡을지, 그 역할로 어떻게 게임을 할지 기대감이 가득한 얼굴이었다. 또한 팀이 게임에서 승리하려면 내가 어떤 행동을 했다고 알려줘야 해서 자연스럽게 모든 사람이 대화에 참여할 수 있다. 그 밖에도 3~10인까지 할 수 있어 많은 아이들이 한꺼번에 어울릴 수 있고, 하룻밤만 진행하고 투표하기 때문에 게임 시간이 짧다는 점 등의 장점이 있다.

3월 첫학기가 시작되자마자 한 아이가 전학을 왔다. 당시 근무 중이던 학교는 작은 학교였고 아이들은 6년째 함께 지내온 터라 전학 온 아이는 소외감을 느끼고 있었다.

그런 상황을 보니 고민이 됐다. 어디까지 어떻게 도와줘야 할지. 교사의 도움이 아이에게 간섭으로 느껴지진 않을지, 제때 도움을 주지 않았다가 교우관계에 더 어려움이 생기진 않을지. 며칠 동안 아이를 관찰하다가 〈마피아 게임〉을 할 때는 다른 아이들과 자연스럽게 어울린다는 사실을 알게 됐다. 전학 온 아이가 다른 아이들과 보다 적극적으로 함께 놀 수 있는 분위기를 만들어주고 싶어서 〈한밤의 늑대인간〉을 가져왔다.

게임을 시작하자, 모든 아이들이 누가 늑대인간일지 활발히 대화하기 시작했다. 짧은 시간 안에 자신이 어떻게 행동했는지와 자신의 의견을 확실히 말해야 하다 보니 어색해할 시간이 없었다. 고민 끝에 늑대인간이 누군지 맞힌 후에는 다같이 하이파이브 하기도 했다.

처음 〈한밤의 늑대인간〉을 가져온 날에는 게임을 할 때만 전학 온 아이가 함께 놀았다. 하지만 며칠 동안 〈한밤의 늑대인간〉 게임을 하며 점점 친해지자 곧 쉬는 시간이나 점심시간에도 다 같이 노는 모습을 볼 수 있었다. 어느새 아이들은 〈한밤의 늑대인간〉 없이도 자연스럽게 어울리게 되었다.

아이들은 아주 작은 계기로도 친구가 될 수 있다. 그 계기가 아침 인사일 수도 있고, 모둠 활동일 수도 있고, 보드게임일 수도 있다. 만약 교실에서 작은 계기가 필요한 아이가 보인다면 〈한밤의 늑대인간〉을 꺼내보자. 게임을 하며 함께 웃고 이야기하는 것만으로도 절친한 친구를 만들 수 있다.

05 '다른 나'가 되어 마음의 문 열기
〈이스케이프 덱〉

"하늘아, 15의 약수는 몇 개가 있을까?"

"선생님 하늘이는 학교에서는 말 안해요!"

"그럼... 손가락으로 몇 개인지 표현해보자."

우리 반에는 학교만 오면 입을 열지 않는 학생이 있다. 집에서 부모님과는 대화를 곧잘 한다고 했다. 심지어 유튜버이기도 하다. 하지만 학교에서는 말하는 걸 들어본 사람이 없다. 담임을 맡기 전에는 학생의 입을 열 수 있을 거라 생각했지만, 이제는 반쯤 포기하고 손으로 대화하곤 한다.

하늘이는 자기 생각을 표현하는 데 소극적이다. 손으로 하는 대화도 하늘이가 기분이 좋은 날만 가능하다. 평소에는 간단한 것을 물어봐도 듣지 못한 척하며 다른 곳을 바라본다. 혹시 아무것도 모르거나 이해력이 떨어져서 말하지 못하는 건가 추측하고 진단평가 결과를 확인해보았다. 웬걸, 하늘이는 평균 이상이었다. 몰라서 대답하지 않는 것이 아니었다. 하늘이가 자신의 감정과 생각을 표현할 수 있게 돕고 싶지만 '겨우 3년 차인 내가 선배 교사들도 못한 일을 할 수 있을까?' 싶었다.

국어 시간에 '수일이와 수일이'라는 글을 읽고 나서 뒷이야기를 상상해서 연극으로 발표할 때였다. 한 줄 읽기를 하는 시간에도 하늘이는 읽기를 거부해 이번 연극에서도 소극적인 모습을 보일 줄로만 알았다. 하지만 이번에 하늘이는 해맑게 웃으며 대본 쓰는 것에 적극적으로 참여했고, 수일이 역할을 도맡아 가발까지 써가면서 적극적으로 캐릭터를 표현했다. 쥐가 손톱을 먹고 수일이가 되는 과정에서 느끼는 당황스러움을 표현할 때는 모두가 자기 연습을 멈추고 집중할 정도였다. 하늘이는 다른 역할을 몸에 입자 불편한 게 사라진 듯 너무나 자유로운 모습을 보였다.

그때, 문득 〈이스케이프 덱〉이라는 보드게임이 떠올랐다. 이 보드게임은 아이가 학생 역할에서 벗어나 게임 속 캐릭터가 되어 과제를 풀어나가는 게임이다. 하늘이는 자신이 아닌 다른 캐릭터를 연기하거나 유튜브에서처럼 익명의 공간에서는 자신을 잘 드러내었기에 이 보드게임을 통해 반 친구들에게 마음의 문을 열 수 있게 돕고 싶었다.

이 게임을 할 때 플레이어들은 자신만의 캐릭터 카드를 골라야 한다. 캐릭터 카드의 뒷면에 쓰여 있는 능력을 읽고 게임에서 필요할 때마다 사용해야 한다. 자신의 능력을 자신만 알고 있기 때문에 게임을 할 때 상황을 잘 파악해서 적절하게 활용해야 한다. 자기 책임을 다해 퍼즐을 풀어 다른 팀원들이 게임을 하는데 도움을 주면 팀원들에게서 칭찬의 눈빛을 받을 수도 있다. 이런 과정에서 자존감과 동지애가 길러진다.

 〈이스케이프 덱〉 진행하기

1. 모든 카드들을 색깔에 따라 나눠서 뒤집어 놓는다.

2. 캐릭터 카드들은 플레이어 간의 상의를 통해 1~2장씩 나눠 가진다.

3. 각각의 색에 따른 카드들은 각기 다른 물리적 공간을 의미하며, 순서 없이 4개의 다른 색의 카드들을 펼쳐서 과제를 풀어 나간다.

4. 플레이어들은 캐릭터들을 보고 자신의 캐릭터를 고른다.

5. 캐릭터 카드의 뒷면에 쓰여진 설명글을 보고 캐릭터의 능력을 숙지한다. 이는 자신만 알아야 하고, 다른 플레이어들에게 설명할 수는 있지만 직접 카드를 보여주지는 못한다.

6. 4가지 카드 덱들을 펼쳐놓고 순서에 따라 과제를 해결한다.

7. 과제를 해결하면 다음 카드 한 장을 가져와 해결한다.

8. 만약 다 같이 풀 수 없는 문제가 있다면 그 역할을 하는 캐릭터가 팀원들에게 설명해 함께 푼다.

9. 게임이 진행되는 동안 플레이어들은 풀지 못한 카드를 두고 언제든지 돌아가 풀 수 있다.

10. 테이블 중앙의 카드 더미가 모두 떨어지면 결과물을 다함께 읽는다.

〈이스케이프 덱〉 시리즈 중 〈베니스의 도둑들〉을 하면서 하늘이의 새로운 모습을 많이 볼 수 있었다. 하늘이는 실제로 악당이 되어 금고를 털고 있는 도둑처럼 게임에 몰두했다. 하늘이가 맡은 역할은 금고의 열쇠 담당이었는데, 열쇠로 풀어야 하는 카드가 나오자마자 순발력 있게 자신의 능력을 사용해서 과제를 해결했다. 친구들은 하늘이의 이런 모습을 처음 본다며 감탄하고 칭찬했다. 하늘이와 친구들이 한층 더 가까워지고 하늘이가 적극적으로 변한 것 같아 뿌듯한 마음이 들었다.

하늘이에게 집 밖의 세상은 무섭고 낯설기만 한 곳이었다. 이런 학생이 말할 것을 강요받으면 하늘이는 마음의 문을 더 굳게 잠그기 마련이다. 하늘이뿐만 아니라 학생들에게는 이러한 마음의 문이 하나씩은 있을 것이다. 이럴 때 〈이스케이프 덱〉과 같이 자신이 아닌 사람이 되어보는 기회를 주면 좋다. 역할에 몰입하며 과제를 해결하다보면 자연스럽게 마음의 문이 열린다. 보드게임은 아이를 역할이라는 보호막을 입혀준다. 아이들이 역할 속에서 자신을 드러내고 편안함을 느끼면 진짜 자신을 보여줄 수 있는 용기가 생기게 된다. 대한민국 모든 아이가 더 행복하고 즐거운 마음으로 학교에 올 수 있기를 바란다.

06 비폭력 마피아 게임
〈한밤의 수수께끼〉

"선생님 창체시간에 마피아 게임 해요!"

아이들은 마피아 게임을 참 좋아한다. 마피아 게임은 서로의 정체를 알 수 없는 다수의 시민이 심문을 통해 서로의 정체를 알고 있는 소수의 마피아를 찾아내는 파티 게임으로, 시민은 마피아를 찾아내지 못하면 차례로 죽임을 당하며, 반대로 마피아는 최대한 정체를 들키지 않으면서 시민을 암살하는 것을 목표로 하는 게임이다. 이탈리아의 범죄 조직인 마피아를 어원으로 둔 만큼 누군가를 '죽이는' 역할 연기 게임이다.

자신의 정체를 들키지 않고 비밀 역할을 수행하는 것이 재미의 핵심으로, 다양한 게임이 출시되어 오늘날에는 '마피아류 게임'이라는 하나의 장르를 구축하고 있다. 다만, 게임의 어원이 어원인 만큼 대부분의 마피아류 게임은 필연적으로 플레이어를 '죽인다'는 표현이 사용된다.

역할 놀이를 차용한 게임으로 생각한다면 크게 문제가 되지 않을 수도 있지만, 아이들 입에서 "와! 죽였다!" 라는 표현이 왕왕 나오는 모습이 마냥 유쾌하게 느껴지지 않을 때도 있다.

또한 마피아류 게임에서 죽음(제거)을 당하는 학생은 그 순간 게임에서 배제되어 상황을 지켜보기만 할 수밖에 없다. 너무 일찍 배제될 경우 모두가 즐거워야 할 시간이 심심하고 따분해질 수 있다. 그런데 이런 마피아류 게임 중에서도 이 두 가지 단점이 없는 게임이 존재한다.

바로 〈한밤의 수수께끼〉다. 마피아류 게임에 스무고개를 합친 느낌의 게임인데 게임의 목표가 누군가를 제거하는 것이 아니라 주어진 제시어를 맞히는 것이라 더 좋다. 모두에게 공개되는 역할인 '시장'은 다른 플레이어들의 질문에 토큰으로 대답할 수 있다. 스무고개와 같이 "예", "아니오", "모르겠습니다"로만 대답할 수 있다. '마을주민'들은 제한 시간 안에 제시어를 맞혀야 한다. '늑대 인간'은 제한 시간이 지날 때까지 마을주민들이 제시어를 맞히지 못하도록 방해해야 한다. '예언자'는 정체를 들키지 않고 마을주민들이 제시어를 맞힐 수 있도록 도움을 줄 수 있다.

▲ 역할 카드와 대답 토큰

〈한밤의 수수께끼〉 진행하기

1. 사회자를 정한다. 그리고 사회자를 제외한 플레이어 수에 맞게 역할 카드를 준비한다. 역할 카드는 플레이어의 수+1 이다.

2. '시장' 역할 카드를 받은 사람은 역할 카드를 공개한다. 그리고 남은 역할 카드를 가져가서 자기만 확인한다. 이 카드는 시장의 비밀 역할이 된다. (마을주민 or 예언자 or 늑대인간)

3. 나머지 사람들도 자신의 역할 카드를 자기만 확인한다.

4. 모두 눈을 감는다.

5. 사회자의 신호에 맞춰 시장만 눈을 뜨고 정해진 제시어를 확인한 다음 눈을 감는다.

6. 사회자의 신호에 맞춰 예언자만 눈을 뜨고 정해진 제시어를 확인한 다음 눈을 감는다.

7. 사회자의 신호에 맞춰 늑대인간만 눈을 뜨고 정해진 제시어를 확인한 다음 눈을 감는다.

8. 모두 눈을 뜨고 제한 시간 타이머가 시작된다. '시장' 역할 카드를 가진 사람은 말을 할 수 없고, 다른 사람의 질문에 오직 "예", "아니오", "완전 빗나감", "거의 근접함", "정답" 토큰으로만 대답할 수 있다.

9. 제한 시간 안에 제시어를 맞힌 사람이 생기면 마을주민이 승리한다. 단, 늑대인간이 예언자의 정체를 맞힐 경우 늑대인간이 역전승한다.

10. 제한 시간 안에 제시어를 맞힌 사람이 없거나, 대답 토큰이 모두 떨어질 경우 늑대인간이 승리한다. 단, 마을주민이 늑대인간의 정체를 맞힐 경우 마을주민이 역전승한다.

제한 시간 안에 제시어를 맞힌다면 마을주민들의 승리가 된다. 하지만 여기서 늑대인간에게 역전의 기회가 남는다. 늑대인간은 예언자가 누구인지를 지목하여 맞힐 경우 늑대인간의 역전 승리로 돌아가게 된다. 때문에, 예언자는 제시어를 알고 있더라도 너무 티 나게 행동해서는 안 된다. 반대로 제한 시간이 지날 때까지 제시어를 맞히지 못할 경우 늑대 인간의 승리가 된다. 하지만 마찬가지로 마을 주민들에게 역전의 기회가 남는다. 마을주민들은 늑대인간을 투표로 지목하여 맞힐 경우 마을주민들의 역전 승리로 돌아가게 된다. 때문에, 늑대인간 역시 너무 티 나게 행동해서는 안 된다.

〈한밤의 수수께끼〉는 게임이 끝날 때까지 게임에서 빠지는 사람이 생기지 않는다. 또한 마지막 역전승의 기회가 있어 끝까지 흥미진진하게 게임을 이어갈 수 있다. 아이들이 서로를 '죽인다'는 표현을 사용하지 않으면서도 마피아류 게임의 재미를 온전히 느낄 수 있게 된다.

또한, 제시어를 수업시간에 배웠던 개념이나 용어로 활용한다면 교육적 활용가치 역시 제고할 수 있다. 제시어의 범위를 '지난 시간까지 배웠던 사회 교과서에서 나왔던 내용' 등으로 정하여 게임을 할 수 있다.

5학년 사회 한 단원을 끝내고 나서 교과서 마무리 활동 대신 이 게임을 활용한 적이 있다. 제시어는 '자연 재해'로 한정하여 시장 역할을 맡은 아이가 자유롭게 정하게 했다. 아이들은 수업내용을 떠올리며 다양한 질문들을 펼쳤다.

"여름에 많이 발생하나요?"
"비바람을 동반하나요?"

"정답! 태풍!"

개념 용어가 많이 나오는 사회와 과학 단원평가 시에 활용하기 좋은 게임이다. 아이들도 복습한다는 느낌보다는 각자의 역할을 수행하며 즐겁게 논다는 생각을 하며 즐겁게 공부한 것이다. 무엇보다 마음에 든 점은, 이 게임을 하면서 아이들은 단 한 번도 '죽였다!'라고 하지 않았다는 것이다. 비폭력 마피아 게임, 〈한밤의 수수께끼〉를 교실에서 즐겨보자.

07 보드게임은 일단 즐거워야 해
〈스컬킹〉

"너희들은 보드게임을 왜 하는 거니?"

"재밌어서요!"

"여러 명이서 할 수 있어서요."

"간단하게 즐길 수 있어요."

당연하지만 중요한 대답이 나왔다. 보드게임은 준비가 간단하고, 여러 명의 인원이 재미있게 즐길 수 있는 놀이다. 이러한 특성 때문에 선생님들은 보드게임을 연구하고, 수업에 적용하고자 노력한다.

보드게임을 교육과정과 연결 짓는 과정에서 때로는 아이들이 이야기한 보드게임을 하는 까닭을 놓치기도 한다. 보드게임을 하는 가장 큰 이유는 여럿이서 간단하고 재미있게 즐길 수 있기 때문이다. 보드게임을 교육과정에 끼워 맞추기보다는 보드게임 자체에서 가치를 찾은 다음 교육과정 속에 적용하고자 하는 노력이 필요하다.

보드게임 본연의 재미를 잘 느끼게 해주는 게임 〈스컬킹〉을 소개하기 전에 앞서 먼저 보드게임 메커니즘 중 하나인 '트릭 테이킹'에 대해 간단히 설명하고자 한다. '트릭 테이킹'은 말 그대로 트릭Trick을 따낸다Taking는 말이다. 여기서 '트릭'은 '카드로 따내는 승리'를 의미한다. 트릭 테이킹 게임의 특징은 다음과 같다.

첫째, 주사위나 말판 없이 카드로만 플레이하는 게임이다.

둘째, 각 카드들은 서열이 정해져 있다.

셋째, 가장 서열이 높은 카드를 낸 사람이 차례에서 승리하고 다음 차례의 시작 플레이어가 된다.

많이 알려진 트릭 테이킹 게임으로 〈우노〉가 있다. 트릭 테이킹은 게임이 달라도 한번 익히면 쉽게 규칙을 알 수 있어 아이들도 쉽게 이해할 수 있다는 장점이 있다. 〈스컬킹〉은 총 10라운드로 구성된다. 다른 게임과 차별화되는 점은 각 라운드마다 내가 몇 번 승리할지를 라운드 시작 전에 예측하여 동시에 제시해야 하는 것이다. 규칙서를 그대로 따른다면, '요-호-호!'를 차례대로 외치며 마지막 '호!'와 함께 손가락으로 나의 승리 수를 표시하면 된다. 라운드가 끝나고 나의 승리 횟수를 정확히 맞추었다면 점수를, 맞추는 데 실패했다면 벌점을 받게 된다. '요-호-호!'가 어색하다면 학급 구호를 사용해도 좋다.

1라운드는 각자 카드 한 장, 2라운드는 카드 두 장, 3라운드는 카드 세 장, …, 10라운드는 카드 열 장을 사용한다. 1라운드는 낼 수 있는 카드가 한 장씩밖에 없기 때문에 예측할 수 있는 승리 횟수는 0승, 또는 1승이 된다. 1라운드는 대부분의 플레이어가 승리 횟수 예측을 성공하지만, 라운드가 이어질수록 카드가 많아지고 경우의 수가 많아져 승리 횟수를 정확히 예측하기는 힘들어진다.

〈스컬킹〉규칙

1. 시작 플레이어를 정한다.
2. 카드를 잘 섞어 더미를 만든다.
3. 각자에게 라운드 수만큼 카드를 나누어준다.(1라운드는 카드 한 장씩, 2라운드는 두 장씩, …)
4. 시작 플레이어부터 시계방향으로 손에 들고 있는 카드 중 한 장을 골라 앞면이 보이게 내려놓는다.
5. 모두가 한 장씩 앞면이 보이게 카드를 내려놓으면 이번 차례의 승리자를 정한다.
6. 이번 차례의 승리자가 시작 플레이어가 되어 4번, 5번을 반복한다.
7. 모든 사람이 손에 들고 있는 카드를 다 내려놓았으면 다음 라운드로 넘어간다.
8. 다음 라운드의 시작 플레이어는 이전 라운드의 시작 플레이어 왼쪽에 앉은 사람이 된다.
9. 2~7번을 반복한다.
10. 10라운드, 또는 정해진 라운드를 모두 끝내고 나면 점수를 계산한다.

〈스컬킹〉은 사실 운이 강하게 작용하는 게임이지만 바로 그 점 때문에 아이들은 쉽게 질리지 않고 게임을 끝까지 재미있게 즐길 수 있다. 이해관계가 맞아떨어지는 친구끼리 협력하여 서로의 승리 횟수를 달성하는 윈-윈 전략을 시도할 수도 있다. 물론 중간에 배신이 일어나기도 한다. 하지만 그 배신마저도 깔깔대며 웃을 수 있는 게임이 〈스컬킹〉이다. 이기고 지는 것에 연연하지 않고 모두가 즐겁게 즐길 수 있는 〈스컬킹〉과 함께 신나게 웃고 즐기는 시간을 가져보자.

08 작은 조각들이 가져올 변화
〈핸즈 업〉

아이들에게 먼저 말을 걸지 못하고 쉬는 시간에도 혼자 앉아 있는 아이. 반에 그런 아이가 있다. 귀와 신경은 주변에서 노는 아이들의 말소리로 향해 있지만, 얼굴은 책상 위나 앞쪽만 바라보고 있다. 눈치가 별로 없고 둔감한 사람인 나에게도 한 달, 두 달이 지나다 보면 보인다. 그런 아이가 안쓰러워 누군가와 친해지길 바라지만 이미 어긋난 친구 관계를 틀어서 맞추기에는 담임교사인 나도 조심스럽다.

억지스럽게 맞추는 친구 관계는 바뀌지 않거나 반발심에 오히려 더 틀어지게 만들어버리기도 한다. 특히나 한 학년에 한 개 반만 있는 학교에서 몇 년을 같은 반으로 지내며 친구 관계가 굳어진 아이들이라면 더더욱 그렇다.

그럴 때 나는 아이들에게 그 아이를 바라보는 시선을 바꾸고 친구 관계의 물꼬를 틀 조그만 계기를 만들어주려고 한다. 그래서 반에 단 한 명이라도 친한 친구가 생긴다면 그 아이가 교실에서 버티며 적응할 수 있는 큰 힘이 된다.

그런 계기를 만들어 줄 때는 아이들이 쉽게 참여할 수 있는 보드게임이 참 좋다. 규칙도 쉽고, 준비물도 필요 없는 보드게임. 〈핸즈 업〉도 그러한 보드게임 중 하나이다. 간단한 규칙을 듣고 바로 게임에 들어가도 아이들은 금방 적응한다. 몇 개 없는 큰 규칙을 지켜가되 다른 세세한 부분들은 잘 모르거나 게임을 하는 사람들끼리 정해가도 이 게임은 무리 없이 진행된다.

〈핸즈 업〉은 아이들이 좋아할 만한 다른 장점도 있다. 우선 순서 상관없이 동시에 진행된다. 보드게임 대부분은 차례를 정하고 한 사람에 한 번씩 기회를 얻는다. 그런 종류의 게임은 자신의 차례가 아닐 때 다른 사람의 플레이를 지켜보면서 자신의 전략을 세워 나간다는 장점이 있지만, 전략적 사고가 익숙하지 않은 아이들에게는 그 순간이 지루할 수 있다. 하지만 이 게임은 정해진 순서 없이 계속 자신의 플레이를 해야 한다. 이 때문에 지루할 순간이 없다. 오히려 빠른 상황 판단과 행동이 게임의 승패를 좌우한다.

〈핸즈 업〉은 신체를 활용하는 게임이다. 아이들은 손장난을 좋아한다. 지루할 때 아이들은 무언가를 만지작거리며 시간을 보내는 경우가 많다. 손은 아이들에게 항상 가지고 다니는 장난감이면서 새로운 자극을 받아들이는 통로이다. 〈핸즈 업〉에 나오는 다양한 손 모양을 따라 하며 아이들은 자신의 손을 사용하는 능력을 키워간다.

마지막으로 플레이 시간이 길지 않다는 점이다. 학교에서 아이들이 자유롭게 보드게임을 할 만한 시간은 쉬는 시간, 점심시간뿐이다. 그중 쉬는 시간은 교과서를 준비하고 화장실을 다녀온다면 노는 시간은 10분이 채 안 된다.

그때 간단하게 놀고 마무리까지 될 수 있는 보드게임은 좋은 놀이가 된다. 플레이 중에 시간이 다 되어 간다면 거기서 바로 점수 계산으로도 자연스럽게 넘어갈 수 있다.

 〈핸즈 업〉 진행하기

1. 모든 카드를 잘 섞어 인원수에 따라 카드를 나누어 준다. 남은 카드는 뒷면을 위로 하여 테이블 중앙에 둔다. (3~4명: 카드 5장, 5~6명: 카드 4장, 7~8명: 카드 3장)

2. "핸즈 업"이라고 외치면 모든 플레이어가 게임을 시작한다.

3. 플레이어들은 자신이 가진 카드에 그려진 손 모양을 따라 한다.

4. 손 모양을 보면서 자신과 같은 카드를 가진 짝을 찾아낸다. 짝을 찾은 사람들은 각자의 카드를 확인하고 각각의 앞쪽에 카드를 공개하여 둔다.

5. 짝을 찾은 플레이어는 새로운 카드 1장을 중앙의 카드 더미에서 가져온다. 카드는 항상 처음 받았던 장수만큼 유지한다.

6. 만약 누군가가 두 손 모양을 만든다면 모든 플레이어는 그 손 모양을 따라 해야 한다. 가장 늦게 따라 한 플레이어는 두 손 카드를 받아 자신의 앞쪽에 공개하여 둔다.

7. 게임이 진행되는 동안 플레이어들은 자신의 손에 있는 카드를 중앙의 카드 더미에서 언제든지 교환할 수 있다.

8. 테이블 중앙의 카드 더미가 모두 떨어지면 "핸즈 다운"이라고 외친다.

9. 게임은 종료되며 자신의 앞에 두었던 카드를 통해 점수를 계산한다.

10. 한 손 카드는 +1점, 두 손 카드는 -1점으로 계산하고, 점수가 가장 높은 플레이어가 승리한다.

출처 : 팝콘게임즈

게임이 진행되면 아이들은 자신의 카드와 다른 사람의 손에 집중한다. 그때 자신과 친하지 않던 다른 아이에게도 자연스럽게 관심이 가게 된다. 그러다 자신과 같은 손 모양을 한 아이를 발견하면 서로 사인을 주고 카드를 확인한다. 잠깐이지만 같은 카드를 가지고 있음을 확인한 순간, 서로가 굉장히 반갑다. 노란색 카드는 두 손을 이용해 모두가 그 동작을 만들어야 한다. 재빨리 손 모양을 갖추는 것도 우스운데 누군가 잘 모른 채 한 손만 사용하고 있으면 그 순간이 참 즐겁다. 가장 늦게 따라 한 사람이 정해지면 다 같이 웃음이 터져 나온다. 이런 순간들의 반복이 겉도는 아이를 다시 바라보게 만드는 친밀감 조각을 쌓게 만든다.

말하지 않고 게임을 하는 것으로 규칙을 변형할 수도 있다. 손 모양이 중요한 게임이기에 말하지 않고도 원활한 플레이가 가능하다. 말없이 눈빛, 손 모양, 몸짓, 표정만으로 나와 같은 카드를 가진 사람을 찾아냈을 때, 반가움은 배가 된다. 가끔은 말없이 서로 열심히 몸짓과 표정을 주고받는 친구와 내 모습에 웃음이 빵 터질 때도 있다.

"야, 두 손 모양은 빨리 따라 해야지. 또 네가 걸리겠어."

주변 친구들이 규칙을 잘 이해하지 못하던 그 아이를 챙기기 시작했다. 기다리던 순간이었다. 같은 반 친구들과의 소통이 적던 아이가 그때만큼은 같이 어울리고 있었다. 게임이 끝난 후에는 다시 어색한 사이가 될지도 모른다. 그래도 선생님은 게임을 하며 쌓은 작은 조각들이 변화를 가져올 것을 믿고 기다린다.

memo

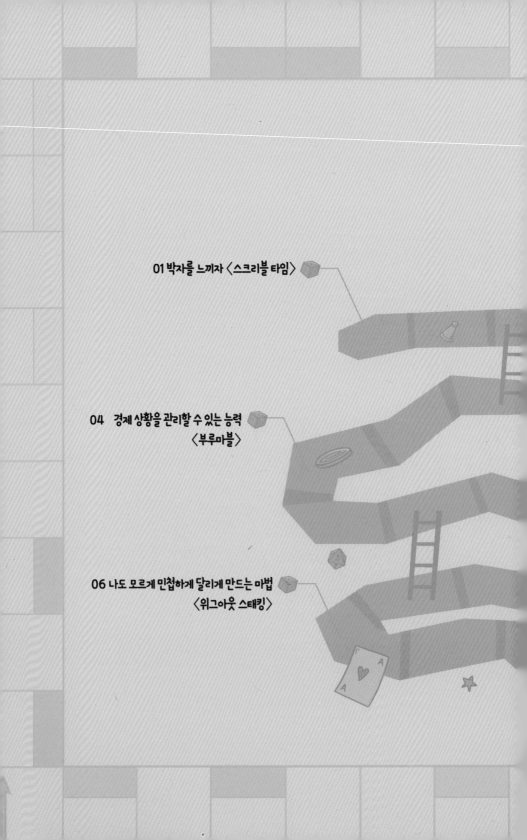

세상을 살아가는 기본 능력

03

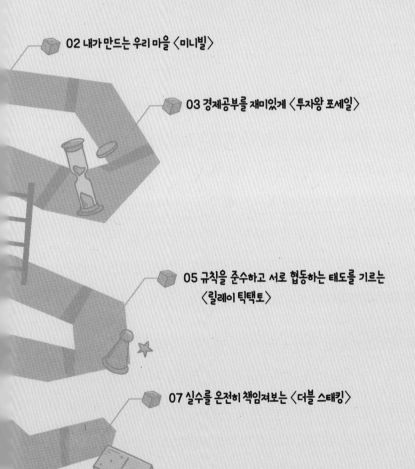

01 박자를 느끼자
〈스크리블 타임〉

어떤 교과는 학생마다 수준 차이가 크게 나서 수업에 어려움을 겪을 때가 있다. 음악도 그중 하나다. 음악은 기본적으로 음의 높이나 길이를 섬세하게 느끼고 표현에 두려움이 없어야 하는데 아이마다 느끼는 정도가 다르고 경험 수준이 다르다 보니 지도하는 게 쉽지 않다. 학급에 음악을 잘하는 아이들이 많고 이 아이들이 도움을 주려고 한다면 그나마 다행이다. 음악에 재능이나 경험이 있는 아이들이 친구를 가르쳐주면 어떻게 어떻게 진도는 나갈 수 있다. 그런데 그런 아이들마저 없다면 음악을 가르치는 건 참 어렵다.

어릴 적의 나도 음악을 잘 못하는 아이였기 때문에 그 아이들이 얼마나 답답할지 알 수 있다. 실제로 어릴 때의 나와 똑같은 경험을 하고 있었다. 노래를 부르면 묘하게 음이 맞지 않고, 악기를 연주하면 박자를 자꾸 놓쳐 혼자 빠르거나 느리게 끝났다. 음악적 지식을 머리로 이해하려니 어렵고, 그렇다고 리듬, 박자, 율동감 같은 것들이 선명하게 느껴지는 것도 아니다.

박, 박자, 리듬, 음정 등 음악적 기초를 처음부터 하나하나 가르치는 데는 한계가 있다. 음악 시간은 제한되어 있고 아이들 간에 편차도 심하니 말이다. 내가 언제 박자 감각이 길러졌나 생각해보니 리듬 게임을 할 때였다. 음악이 제시하는 박에 맞춰 화면을 터치하거나 내 캐릭터를 조종하는 형식의 게임이었다. 게임을 클리어하기 위해 음악에 집중하다 보면 자연스럽게 그 안의 일정한 박이 느껴졌다. 그래서 즐거운 게임이나 간단한 음악으로 우선 박을 가르치기로 했다. 음악은 박자에 강약과 음정이 붙어 만들어지니 박자를 알게 되면 다른 음악적 요소들도 자연스럽게 익힐 수 있을 거란 기대에서 였다.

음악의 기초개념인 '박자'를 이해하려면 일정한 간격으로 나는 박을 느끼는 것이 필요하다. 〈스크리블 타임〉은 규칙적인 '똑딱' 소리를 이용한 보드게임이다. 이 소리가 들리는 동안 그림을 그리게 된다. 아직 박에 자신이 없는 아이들이 메트로놈에서 규칙적으로 나오는 신호를 듣고 정해진 시간 안에 그림을 그리면서 박자 감각을 익히게 한 것이다. 음악 수업을 위해 소리는 메트로놈 박자로 대체했다. 메트로놈은 핸드폰 어플을 깔아 사용했다.

〈스크리블 타임〉 진행하기

1. 5X5 판의 각 칸에 1~25 숫자를 쓴 활동지를 한 장씩 나눠준다.

2. 아이들의 수준에 맞춘 단어 25가지를 준비한다.

3. 메트로놈을 켜고 오늘 배울 박자(4박자, 8박자 등)를 들려준다.

4. 메트로놈 박자에 맞춰 25개의 단어를 번호에 맞춰 차례대로 말한다.

5. 학생들은 활동지의 해당 번호 칸에 그림을 그린다.

6. 1부터 25까지의 숫자를 무작위로 뽑아 물어본다. 맞힌 사람은 1점을 얻는다.

7. 짝꿍 혹은 모둠원과 활동지를 바꿔 다른 사람이 그린 그림을 맞혀본다. 맞힌다면 1점을 얻는다.

예를 들어 오늘 4박을 가르치고 싶다면 메트로놈 어플로 4박을 들으며 4박 안에 한 가지 그림을 그리게 한다. 단어①-4박-단어②-4박-단어③… 이런 방식으로 계속 한 박 안에 단어를 하나씩 부른다. 처음엔 느린 4박을 들려주다가 다음엔 빠른 4박, 다음엔 3박이나 8박으로 바꾼다.

단어는 아이들에게 쉽고 일상적인 단어로 제시한다. 주변에서 볼 수 있는 젓가락, 수건 같은 물건이나 바나나, 딸기 같이 쉬운 단어로 제시하면 좋다. 단어를 잘 알아듣지 못하는 아이들도 있다. 이때는 아래 이미지와 같이 단어를 PPT로 만들어 띄워준다. 연습 게임을 한 번 하고 진행하면 금방 익숙해진다.

▲ 제시 단어

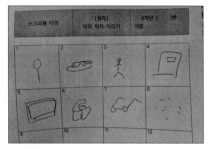

▲ 활동지

이전에도 다른 방법으로 박자 게임을 한 적이 있었다. 코다이 리듬 음절을 활용하여 아이들이 스스로 리듬꼴을 만들고 체험하는 활동이었다. 좋은 활동이었지만 아이들이 치는 박이 조금씩 어긋났다. 가령 똑같은 4박을 만들어도 어떤 아이는 수줍어해서 박이 느려졌고, 어떤 아이는 신나서 박이 빨라지곤 하는 식이었다. 그런 활동을 스무 명이 차례대로 하다 보면 어느새 처음 시작했던 4박자와는 전혀 다른 박자가 튀어나왔다.

반면 메트로놈으로 일정한 4박을 들려주며 〈스크리블 타임〉을 하면 정확한 박자를 익힐 수 있다. 아이들은 박자 안에 빠르게 그림을 그려야 하다 보니 저절로 연필을 박자에 맞춰나가기 시작했다. 박자에 맞춰 그림을 그리고, 서로 그린 그림을 나누다 보면 아이가 자신도 모르게 어깨를 들썩이며 박자를 타고 있었다.

〈스크리블 타임〉은 박자에 두려움을 가지고 있는 아이도 해볼 만하다고 느끼는 보드게임이다. 음악의 기본인 박자의 문턱을 넘고 나면 아이들도 음악을 즐길 수 있지 않을까? 보드게임과 함께라면 가능하다.

02 내가 만드는 우리 마을 〈미니빌〉

3~4학년 사회 교과의 목표 중 하나는 우리가 사는 지역 공동체에 대해 배우는 것이다. 아이들은 3학년 사회에서 우리 고장의 장소와 역사에 대해 배우며, 4학년 사회에서는 우리 지역의 위치, 특성, 문화에 대해 배운다. 그러나 아이들은 생각보다 자신이 사는 '마을', '도시'라는 개념을 잘 느끼지 못했다.

집 주소는 말할 줄 알아도 우리 동네의 이름이 뭐냐는 질문에는 어리둥절한 표정을 지었다. 다른 마을에 비해 우리 마을에 많이 보이는 시설, 가게, 자연환경, 대중교통도 잘 말하지 못했다. 2020년 이후 지속된 코로나19로 인해 집 밖을 잘 나가지 못하다 보니 이런 경향은 더 두드러졌다. 이런 아이들에게 필요한 것은 우리 동네를 둘러보고 시설들을 직접 체험해보는 것이다. 하지만 학교나 주변 상황에 따라 시설이 있는 것도 있고 없는 것도 있어 아이들이 체험할 수 있는 종류가 제한될 수 있다.

〈미니빌〉은 마을에 필요한 여러 시설을 건설하여 자신만의 마을을 운영하는 게임이다. 이 게임에는 촌락과 도시에서 볼 수 있는 다양한 기초시설이 있다. 촌락에서 볼 수 있는 시설로는 밀밭·목장·사과밭 등이 있고 도시에서 볼 수 있는 시설로, 가구 공장·TV 방송국·패밀리 레스토랑 등이 있다. 각각의 시설에는 고유한 기능이 있고, 관련 있는 시설들끼리는 교류하는 모습도 볼 수 있다.

게임을 잘하기 위해서는 마을에 있는 시설이 어떤 역할을 하는지, 시설끼리 어떤 영향을 주고받는지 잘 알고 있어야 한다. 자연스럽게 내가 세우고 싶은 시설들을 골라 세우거나 서로 도움이 되는 시설들을 함께 세우면서 나만의 마을을 꾸리게 된다. 아이들이 지역 사회의 역할을 체험하고 마을 공동체의 개념을 익히는 데 도움을 준다고 볼 수 있다. 실제로 아이들은 게임을 하면서 어떤 시설들이 교류가 일어나고 상호 이익을 가져다주는지 느꼈고 자연환경은 모두에게 도움을 주니 함께 보존해야 한다는 것을 깨달았다.

▲ 〈미니빌〉 플레이 사진

▲ 시설 카드

 〈미니빌〉 진행하기

1. 주요시설 카드 4장, 시작 카드 2장, 3원씩 나눠 가진다.

2. 15종의 기초시설 카드를 테이블 중앙에 배치하고 남은 돈은 한군데로 모아 은행으로 활용한다.

3. 기초시설 카드에는 파란색, 초록색, 빨간색, 보라색이 있으며 각 카드마다 주사위 눈금과 능력이 쓰여 있다.

4. 내 순서가 되면 주사위 굴리기-돈 벌기-건설하기 순으로 진행한다.

5. 주사위를 굴렸을 때 카드의 능력은 빨간색-초록색/파란색-보라색 순으로 발동한다. 또한 초록색과 파란색의 순서는 자신이 원하는 대로 정할 수 있다.

6. 자신의 순서에 카드를 한 장만 살 수 있다. 보라색 카드는 한 사람당 한 장만 살 수 있다.

7. 주요시설 카드를 4장 먼저 건설하는 사람이 승리한다.

8. 확장팩 〈항구〉, 〈그린밸리〉를 추가하면 게임 방법이 달라진다.

〈미니빌〉은 마을을 만들고 운영하며 지역 시설들의 관계와 교류를 배울 수 있다. 그뿐만 아니라 함께 사는 공동체라는 것을 생각해보게 한다. 〈미니빌〉에서 자연환경을 가꾸면 꾸준히, 장기적으로 이득이 된다. 우리가 사는 환경도 그렇다. 반면에 상업시설은 서로 경쟁한다. 자신이 세운 시설의 가치가 높으면 높을수록 더 많은 이익을 얻지만, 이익을 얻는 만큼 다른 사람의 이익은 줄어든다. 〈미니빌〉의 이런 시스템은 아이들이 공동체를 운영하는 데 있어서 어떤 가치를 지향할 것인지 고민하게 만든다.

중학년 사회 교과의 성취 기준을 보면 '우리 고장', '우리 마을', '우리 지역' 등의 표현이 많이 발견된다. 또한 최근에는 혁신 교육 중 하나인 마을교육공동체가 주목받고 있기도 하다. 학교와 마을은 단절된 개별 공간이 아니며 아이들이 지금 살고 있고 앞으로도 살아갈 공간이다. 우리 마을이 내 삶에 어떤 역할을 해주는 공동체인지 알아 소중히 여기고 자부심을 가지는 것은 중요하다.

이러한 마을 공동체를 직접 체험하기 어려울 때 〈미니빌〉을 활용할 수 있다. 게임을 하며 하며 아이들은 도움이 되는 공동체란 무엇인지, 건전한 공동체를 만들기 위해 어떤 시설들이 필요한지, 사람들이 원하는 마을 공동체는 어떤 모습인지 체험하고 생각해보게 된다.

마을 공동체에 대해 수업할 때 체험학습을 나가기 어려울 때 〈미니빌〉을 활용해보는 것은 어떨까? 아이들은 자신의 마을을 만들면서 나의 마을 공동체의 특징을 생각하게 되고 내가 만들고 싶은 공동체란 어떤 모습인지를 그려볼 수 있을 것이다.

03 경제공부를 재미있게
〈투자왕 포세일〉

작년 즈음 화제가 된 유튜브 채널이 있다. 현직 초등학교 선생님이 교실 속 작은 경제 사회를 만들었다. 아이들은 그 속에서 취직을 하고, 월급을 받고, 세금도 낸다. 초등학생들과 담임선생님만 나오는 이 채널의 주요 시청층은 성인들이다. 댓글을 보면 '나도 어렸을 때 저런 교육을 받았더라면 경제에 관련해서 헤매지 않을 텐데' 하는 반응이 많다.

현재 초등학교 정규 교육과정 중 경제금융 관련 단원은 5학년 때 배우는 2차시 용돈 기입장 쓰는 법이 전부다. 하지만 빠르게 변하는 사회 속에서 경제적 개념의 중요성은 더욱 커지고 있다. 한 기사에 따르면 요즘 아이들은 중학교 1학년만 되어도 소비 패턴이 완전히 달라진다고 한다. 밖에서 밥을 사먹고, 친구들과 카페에서 음료수를 마시다 보면 한달에 50만 원도 쉽게 쓰게 된다. 초등학교 때가 올바른 가치관을 잡아줄 '골든타임'인 것이다.[1]

---

1) "중학생땐 이미 늦죠…'슬기로운 돈쓰기' 알아야 행복해",
   매일경제, 2022.8.17, https://www.mk.co.kr/news/special-edition/10425311

경제교육의 핵심은 한정된 재화를 활용하여 합리적인 선택을 할 수 있도록 돕는 데 있다. 보드게임 〈투자왕 포세일〉로 그 연습을 할 수 있다. 현재 시장에서 집(부동산)을 구입한 다음, 미래 시장에서 집을 판매하여 많은 수익을 올리는 사람이 승리한다. 아이들은 집을 사고 팔아 수익을 얻는 과정에서 자원의 한정성, 기회비용, 투자의 개념과 목적, 경매 등에 대해 자연스럽게 익힐 수 있다.

 〈투자왕 포세일〉 진행하기

1. 각자 재화 토큰을 인원 수에 맞게 똑같이 나누어 가진다.

2. 집 카드 30장을 잘 섞은 다음 더미를 만들어 앞면이 보이지 않도록 쌓아둔다.

3. 화폐 카드 30장을 잘 섞은 다음 더미를 만들어 앞면이 보이지 않도록 쌓아둔다.

4. 집 카드 더미에서 인원 수만큼 카드를 앞면으로 둬서 공개한다.

5. 차례대로 경매를 진행한다. 경매에 참가하기로 했다면 앞 사람이 낸 재화 토큰보다 많이 내야 한다.

6. 경매를 빨리 포기한 순서대로 가치가 낮은 집 카드를 가져가고, 경매를 포기한다면 낙찰받기 위해 냈던 재화의 절반만큼을 돌려받는다. 경매를 포기하지 않고 낙찰받은 사람은 가장 높은 가치의 집 카드를 가져간다.

7. 집 카드 더미가 없어질 때까지 5를 반복한다.

8. 화폐 카드 더미에서 인원 수만큼 카드를 앞면으로 둬서 공개한다.

9. 가지고 있는(구매한) 집 카드 중 하나를 선택해서 동시에 공개한다. 가장 높은 가치의 집 카드를 가진 사람부터 높은 가치의 화폐 카드를 가져간다.

10. 집 카드를 모두 판매하고 남은 재화 토큰+화폐 카드를 계산하여 가장 많은 재화를 가진 사람이 승리한다.

'인생은 선택의 연속이다'라는 말이 있듯이 경제 역시 선택의 연속이다. 한정된 자원을 가지고 효율적인 수익을 올리기 위해 고민하는 과정이 게임을 하는 내내 이어진다. 때로는 과감한 투자가 필요할 때가, 때로는 재화를 아껴 미래를 대비해야 할 때가 있다. 가치가 높은 집을 사기 위해 초반에 과하게 투자를 하여 자원을 모두 사용했다면 다음부터는 가장 가치가 낮은 집만 계속 가질 수 있는 상황이 나온다. 반대로 자원을 지나치게 아끼다가 미래 시장에서 화폐 가치가 떨어지는 경험을 할 수도 있다. 현재 시장에서 집을 사서 미래 시장에서 더 비싼 가격으로 파는 과정을 통해 학생들은 자연스럽게 투자의 개념과 목적에 대해 배울 수 있다. 또한 경매의 과정도 직접 경험해볼 수 있게 된다.

〈투자왕 포세일〉을 아이들과 해보면 이런 말들이 나온다.

"아, 이번 라운드에 돈을 너무 많이 썼어! 좀 아껴둘걸."
"똑같은 돈이라도 그때그때 가치가 다르구나!"

누구에게나 재화는 한정적이다. 하지만 한정된 재화를 갖고 '합리적인 선택'을 잘 해 최대의 만족을 얻어가는 것이 경제 생활의 중요한 목표다. 3년 전 가르쳤던 아이가 이 게임을 내 앞에 들고 와서 하던 말이 기억난다. "선생님, 투자 한번 해봅시다."

04 경제 상황을 관리할 수 있는 능력
〈부루마블〉

　세상을 살아가기 위해서는 다양한 능력이 요구된다. 10년 전만 하더라도 학교와 가정에서는 글을 읽거나 쓰고, 수학문제를 빠르고 정확하게 계산하는 능력이 최고라고 여겨졌다. 이에 그때 학창시절을 보냈던 지금의 2030세대는 1점이라도 더 맞고, 1등이라도 친구보다 더 높이 오르기 위해 치열하게 경쟁했다. 그러나 지금은 시대가 많이 변했다. 요즘에는 유연성, 창의성, 비판적 사고력, 호기심과 같은 융합 능력이 중시된다. 산업사회가 인공지능과 자동화 기술 기반의 정보 사회로 변모한 것이다. 자신의 돈을 관리하는 유연성과 사고력도 이에 포함된다. 이러한 변화로 인해 유튜브 크리에이터, SNS 인플루언서 등 자신의 독창성과 창의성을 바탕으로 하는 직업 또한 많이 생겨났다.

　이러한 시류에 맞게 지금의 학교와 가정은 아이들에게 암기나 기계적인 연산만을 강요하지 않고 경제 교실을 운영하거나 자식에게 주식을 사주는 등 다양한 경제 교육을 하고자 한다. 나 또한 교사로서 아이들에게 경제 교실을 운영하려고 많은 책과 유튜브를 참고했다. 그러나, 노하우 없이 모형 지폐로만 교실을 운영하려고 하니 학생들은 경제 원리보다 지폐를 모으는 것에 집중해 수단과 목적이 전도되는 상황이 되었다. 고민이 깊어갈 무렵, 재민이라는 아이를 만나게 되었다.

"선생님 저 아버지가 용돈 주셔서 새로 스마트워치 샀어요!"

아이가 아침에 교문을 들어오자마자 눈빛을 빛내며 큰소리로 자랑하자 친구들은 옆에서 부러워하며 자신도 사고 싶다고 하는 소리로 시끌벅적하다. 하지만 이와 대비되게 내 마음은 무거워져 아이에게 묻게 되었다.

"너 저번 주에도 비싼 축구화랑 운동복 사지 않았어?"
"네! 아버지가 일주일 못 들어오신다고 용돈 많이 주셨어요!"

이 학생의 부모님은 일 때문에 바쁘시다 보니 미안한 마음에 좋지 않은 가정형편에도 아이에게 과하게 용돈을 주시곤 하셨다. 이 때문에 상담도 해봤지만 아이의 부모님은 잠시 용돈을 줄이실 뿐 아이의 용돈 관리에는 신경을 쓰지 못하셨다.

이때 도움이 되었던 책이 『부자 아빠, 가난한 아빠』이다. 필자는 현재 세계는 저성장 시대이기 때문에 단순히 월급을 은행에만 예금하는 것이 아니라, 주식이나 부동산 등 자신의 돈을 관리하고 불리는 방법을 어렸을 때부터 연습해야 한다고 주장한다. 또한, 저자는 어렸을 때 부자 아빠와 함께 했던 모노폴리 게임이 지금 부를 이룰 수 있었던 원동력이 되었다고 말했다. 우리나라에서는 유행한 부루마블과 비슷하다. 조그마한 판 안에서 여러 나라에 건물을 세우거나 땅을 샀을 때 다른 사람으로부터 수입을 얻을 수 있는 경제적 파이프 구조를 배울 수 있기 때문이다.

이에, 민재와 더불어 우리 반 아이들에게 세상을 살아갈 수 있는 능력 중 경제적 능력을 가르치고 싶어 〈부루마블〉을 함께 틈틈이 하였다. 어렵지 않고 자신이 뉴욕, 홍콩 등 여러 나라의 땅을 가지고 건물을 세우며, 친구들에게 수입을 얻는 과정이 즐거워 점심시간에도 자발적으로 할 정도로 아이들의 참여도가 높았다.

게임의 방법은 다음과 같다.

게임 방법

 〈부루마블〉 규칙

1. 말을 고르고 돈을 나누어 갖는다.
2. 주사위 두 개를 던져 나온 눈의 합만큼 진행한다.
   (단, 두 주사위의 눈이 같으면 주사위를 한 번 더 던질 수 있다.)
3. 자신이 원하는 땅에 멈추면 땅을 살 수 있다. 두 번째 바퀴부터는 건물을 지을 수 있다.

4. 남의 땅에 멈추면 그 땅이나 건물을 가진 주인에게 임금을 지불해야 한다.

5. 황금열쇠에 멈추면 카드를 한 장 뽑고 지시사항을 따라야 한다.

6. 시작점을 지날 때마다 20만원씩 월급을 받는다.

7. 무인도에 걸리면 주사위 굴리기를 쉬어야 한다.

8. 만약 상대방의 땅에 걸렸는데 현금이 없다면 자신의 땅을 팔아 지불해야 한다.

9. 부루마블를 끝내기 위해서는 미리 규칙을 정해야 한다. 끝내는 시간을 정하거나, 한 명이 파산하면 게임을 끝내는 등 다양한 규칙을 정한다.

이 게임을 하면서 세계 경제 원리와 부동산 시장의 원리를 알 수 있도록 아이들에게 교육을 하기도 했다. 민재는 이제 용돈을 받으면 비싼 물건을 사기보다 돈을 모아 땅을 사고 건물을 지어 월세를 받고 싶다고 했다. 아이들은 이제 자신의 돈의 가치를 눈앞에 보이는 물건보다 자신의 미래를 위해 투자하게 되는 성과를 거두었다. 경제적인 능력에는 돈을 많이 버는 직업을 갖는 능력과 자신의 경제 상황에 맞게 돈을 관리하는 두 가지가 포함된다. 이러한 관점을 아이들이 알 수 있도록 〈부루마블〉이라는 보드게임을 활용해보자.

05 규칙을 준수하고 서로 협동하는 태도를 기르는 〈릴레이 틱택토〉

체육 교과 전담으로서 첫 만남은 1년 동안 체육 수업에 대한 로드맵을 그리고 학생들을 파악하기 위해 교실에서 진행한다. 자신을 소개하는 간단한 활동지와 연필이 책상 위에 있고 양팔을 겨드랑이에 붙인 채 차렷 자세로 반쯤 고개를 숙이고 있는 아이가 있었다. 비뚤빼뚤하지만 황성민이라는 이름을 활동지에 쓰는 것으로 첫 수업에 참여했다.

담임 선생님과 상담 후 성민이에게 함묵증이 있다는 것을 알았다. 성민이는 준비운동을 할 때 가만히 서 있는다. 학기 초 9차시 동안 여러 술래잡기형 게임을 할 때마다 아이들은 소리 지르며 여기저기 정신없이 뛰어다니기 바쁘다. 아이들의 상황을 지켜보는 나도 웃음이 나고 함께 뛰고 싶은 충동이 일게 하는데 성민이는 그저 특유의 자세로 슬쩍슬쩍 곁눈질하며 서 있었다. 가장 인기 있었던 좀비 술래잡기를 하는 날엔 못 참겠는지 경기장 밖에 서 있던 성민이가 양팔을 몸통에 붙인 채 경기장 안팎을 수줍게 들락날락하며 아이들 무리에 조금씩 섞여 술래를 피해 돌아다니는 방식으로 경쟁의 기초 단원 수업을 마무리했다.

경쟁영역에서 승리를 위해 기능을 익히고 전략을 세우는 것도 중요하지만 규칙을 준수하고 서로 협력하는 태도를 함양하는 것 역시 미래사회를 살아가는 우리 아이들에게 꼭 필요하다. 그래서 수업을 계획할 때 모둠원이 서로 소통하고 협력해야 하는 신체활동을 준비한다. 그중 하나가 〈릴레이 틱택토〉다.

세계 여러 나라의 놀이를 보면 비슷한 점이 많다. 틱택토tic tac toe 게임도 그렇다. 가로로 2줄을 그리고 그 위에 세로로 2줄을 겹쳐 그리면 3×3의 9칸이 나온다. 한 사람은 ○, 다른 사람은 ✕를 그리며 가로나 세로 혹은 대각선으로 같은 표시가 한 줄 만들어지면 이기는 게임이다. 이것을 보면 바둑판 위에 두던 오목이 생각났는데 아이들은 "빙고 게임이네요!"라고 반응했다. 이 게임을 우리는 일대일이 아닌 릴레이방식으로, 작은 종이 위에 ○, ✕로 표시하는 것이 아니라 훌라후프 위에 팀별로 다른 색의 물건을 놓는 방법으로 진행한다고 설명한다.

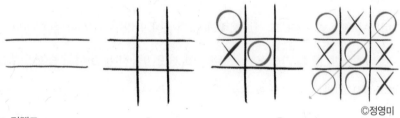

©정영미

▲ 틱택토

평소 성민이의 참여를 독려하고 친절하게 안내를 해주는 미소가 오늘도 변함없이 성민이에게 훌라후프를 가리키며 무언가 열심히 설명하는 모습이 보인다. 성민이 차례가 되었을 때 평소와 다르게 정말 재빠른 동작으로 서슴

없이 빨간색 조끼를 가장자리에 있는 훌라후프에 놓는 순간! "우와~~" 하며 아이들이 우르르 성민이 주변에 몰려들고 체육부장 승유가 성민이를 끌어안는다. 성민이가 〈릴레이 틱택토〉에서 팀을 승리로 이끄는 주역이 되었기 때문이다. 그 순간 성민이의 얼굴에 비친 희미한 미소와 게임에서 진 모둠원들도 아쉬움을 뒤로 하고 힘찬 박수를 치는 모습은 잊을 수 없다.

처음 이 게임을 할 때 네 모둠으로 나누어 두 모둠씩 게임을 진행했다. 그런데 게임에 참여하지 않는 두 모둠의 아이들은 서로 장난치거나 손으로 요즘 유행하는 춤을 맞추어 보며 다른 모둠의 게임에 관심을 보이지 않았다. 경기를 보며 게임 방법을 확실히 이해할 수 있게 되기도 하고 게임 전략을 분석하며 자신이 게임에 참여할 때 적용할 수도 있는 배움이 일어날 수 있는 상황이 무의미하게 지나가는 것도 문제이지만 무엇보다 그 아이들이 방치되는 것 같았다.

그래서 마련한 장치가 심판의 역할을 부여하는 것이다. 심판은 부정 출발하는 장면이나 반칙하는 장면을 보았을 때 손을 들고 게임이 끝날 때까지 말을 하지 않는다. 게임이 끝나면 순서대로 심판의 말을 듣는다. 이때 같은 의견이었던 심판은 손을 내린다. 규칙을 어겨서 이기면 승패는 바뀐다. 이런 상황을 몇 차례 경험하다 보니 심판과 선수 모두 게임에 참여하는 태도가 달라졌다.

심판의 역할을 하기 위해 아이들은 진지한 태도로 게임 상황을 지켜본다. 승패를 뒤집을 수 있는 만큼 막강한 힘이 있고 중요한 역할을 하고 있다고 느꼈기 때문일 것이다. 집중도가 확실히 높아졌다.

"내가 출발선을 지켜볼게."

"그럼 난 조끼를 누가 먼저 놓는지 볼게."

선수들은 부정 출발을 예방하기 위해 서로 다짐을 하며 시작하거나 경기 중 규칙을 지키도록 모둠원을 향해 소리 지르거나 규칙을 준수할 수 있는 전략을 짜기도 한다.

"부정 출발 하지 말자!"
"선 지켜! 선!"
"내가 신호를 줄게. 그때 출발해."

나중엔 자신도 모르게 부정 출발을 했을 때 어떻게 해야 할지 몰라 얼음이 되는 경우도 발생했다. 그래서 부정 출발을 인지했을 경우 출발선으로 돌아가 다시 출발하면 부정 출발이 아닌 것으로 하는 규칙을 하나 더 추가했다. 그랬더니 아이들은 서로 격려하는 말을 한다.

"이리 와! 이리! 다시 출발하면 돼!"

이 게임은 아이들이 여러 번 같은 전략으로 패배를 하거나 자기 팀만 살피다가 상대 팀의 공격을 막기 어려웠던 상황 등 다양한 시행착오를 겪으면서 혹은 팀원과 능동적으로 소통하면서 문제를 해결하는 경험을 하게 된다. 또한 우리 아이들이 자발적으로 규칙을 준수하고, 비난이 아닌 서로 격려하는 태도로 게임에 참여하게 만드는 힘이 있다. 게다가 술래 피하기형 게임을 할 때조차 차렷 자세로 움직임이 별로 없었던 성민이가 게임에 몰입해서 모둠원과 협력하며 재빠르게 움직였던 영화의 클라이맥스 같은 장면을 볼 수 있지 않았는가! 다음엔 이 게임이 다른 어떤 이야기를 해줄지 기대된다.

〈릴레이 틱택토〉 진행하기

1. 훌라후프를 3×3으로 9칸을 만든다.

2. 한 모둠 5명씩 4팀으로 구성하고, 모둠을 대표하는 색 조끼를 각각 4개씩 나누어 준다. (모둠 구성은 학급 인원에 따라 조정 가능)

3. 가로나 세로 혹은 대각선으로 같은 색 조끼를 한 줄 먼저 만드는 모둠이 승리한다.

4. 동시에 같은 곳에 조끼를 놓으면 가위바위보를 해서 진 사람이 조끼를 옮긴다.

5. 조끼 4개를 모두 사용해도 승패가 결정되지 않으면 다음 주자는 어느 모둠의 조끼든 상관없이 한 개를 빈 곳으로 옮길 수 있다.

6. 첫 주자가 조끼를 훌라후프 안에 놓고 출발선 안에 들어와야 다음 주자가 출발할 수 있다.

7. 두 모둠이 게임에 참여하면 나머지 모둠은 심판을 본다. (규칙준수_부정 출발을 방지)

8. 한 경기는 3 세트로 연속하여 진행한다.

9. 게임에 익숙해지면 4×4의 16칸으로 난이도를 조절 할 수 있다.

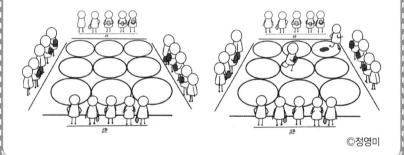

©정영미

체육관에서 했던 틱택토 게임을 교실에서 할 수 있다. 훌라후프 대신 책상으로, 조끼 대신 스포츠스태킹 컵과 같이 팀을 구분할 수 있는 다른 색의 물건을 준비한다. 교실 앞과 뒤에 테이프로 출발선을 표시하면 준비가 끝난다. 두 모둠씩 게임을 하고 나머지 모둠은 양옆 책상과 의자에 앉아 심판이 된다.

얼마 전 '뭉쳐야 찬다'라는 TV프로그램에서 '몸풀기 회복훈련 드리블 빙고' 대결하는 것을 보았다. 3×3의 아홉 개 칸이 그려진 운동장에서 청팀은 파란공, 홍팀은 빨간공을 발로 몰아 원하는 칸에 놓아 한 줄을 먼저 만들면 이기는 게임이다. 영역형 게임 중 축구형 게임을 도입할 때 활용할 수 있다.

이기기 위해 3×3의 아홉 개 칸 중 어디에 말을 놓는 것이 가장 유리할까? 아이들은 우선 가운데에 놓는 전략을 선호한다. 하지만 모서리에 말을 놓을 때 유리하다. 이를 확인하기 위해 몇 가지 예시를 살펴보며 경우의 수를 확인할 수 있다. 더 나아가 빌 게이츠가 초등학교 시절에 GE사의 컴퓨터로 틱택토 게임을 프로그래밍했던 것처럼 틱택토 코딩을 시도할 수 있을 것이다.

06 나도 모르게 민첩하게 달리게 만드는 마법 〈위그아웃 스태킹〉

교육부의 학생건강표본통계를 보면, 학생들의 비만율은 해마다 늘어나고 있고, 초·중·고(초1~4년 제외) 전체 학생을 대상으로 매년 1회 이상 실시하는 학생건강체력평가(PAPS) 자료를 봐도 저체력 학생이 증가하는 것을 확인할 수 있다. 이규일 경북대 체육학과 교수는 '팝스(PAPS)'의 측정 과정이나 결과가 신체활동 증가로 나타나야 하고 이를 위해 학교가 기능을 해줘야 한다고 말한다.[2]

유연성, 근력과 근지구력, 심폐지구력, 순발력과 같은 체력을 평가하기 위해 앉아 윗몸 앞으로 굽히기, 팔굽혀펴기나 악력 측정, 왕복오래달리기, 50m 달리기나 제자리 멀리뛰기를 한다. 이러한 체력을 기르기 위한 재미있는 신체활동에는 무엇이 있을까?

---

2) "학생 코로나 비만·저체력, 해법은 학교 운동장에 있다",
   한겨레, 2022.9.22, https://www.hani.co.kr/arti/society/society_general/1059623.html.

"선생님~ 다음에도 또 해요!"라고 적극적으로 의사를 표현하는 아이, 혼잣말로 재밌다고 중얼거리는 아이, 자신도 모르게 게임 중 자신의 차례도 아닌데 경기장 안으로 들어와 같은 모둠원에게 훈수를 두던 아이, 그래서 "선생님 목이 아파요."라고 말하는 아이, 얼굴이 시뻘건 아이까지 40분 수업이 끝났을 때 아이들이 하나같이 땀으로 범벅이 되고 숨을 헐떡이며 힘들다고 하지만 다음에 또 하자고 조르게 만드는 체력 증진 활동, 〈위그아웃 스태킹〉을 소개하고자 한다.

보드게임 〈위그아웃〉은 같은 그림을 2장씩 모은 사람이 플레이하는 순서 없이 빠르게 손에 있는 카드를 모두 없앤 사람이 이기는 게임이다. 여기서 카드 대신 스포츠스태킹컵을 사용하고, 같은 그림 2장을 모으면 손에 든 카드를 버리는 대신 같은 색 컵 2개를 모으면 분류장소에 컵을 놓아 자신이 가진 대기장소의 컵을 모두 없앤 사람이 이기는 게임으로 변형한 것이 〈위그아웃 스태킹〉이다.

게임 방법

〈위그아웃 스태킹〉 진행하기[3]

1. 대기장소와 분류장소를 만든다. 그리고 컵 더미를 2개 만든다.
2. 대기장소에 각각 5개씩 컵을 쌓아둔다. 단 컵의 색이 겹치지 않게 한다.
3. 대기장소에 둔 컵을 제외하고 남은 컵은 모두 가운데에 쌓아 컵 더미를 만든다. 이때도 컵이 겹치지 않게 한다.
4. 시작 신호와 함께 컵을 정해진 기준에 따라 분류장소에 옮겨놓는다.

---

3) 하늘 보는 돼지의 선한 영향력 프로젝트, "위그아웃 스태킹",
   https://blog.naver.com/szhaowei7_/223044654314.

5. 컵을 분류하는 기준은 3가지다.

① 같은 색 컵이 2개일 경우 분류장소 어떤 곳에든 놓을 수 있다. 단, 내가 놓으려는 색이 이미 다른 곳에 놓여 있다면 반드시 그곳으로 가서 놓아야 한다.

② 분류장소에 어떤 색 컵이 이미 놓여 있으면 1개라도 놓을 수 있다.

③ 중앙의 컵을 가져와서 같은 색 2개를 만들었다면 분류장소에 둘 수 있다. 이 경우에도 내가 놓으려는 색이 이미 다른 곳에 있으면 그곳에 두어야 한다.

6. 중앙의 컵을 가져갈 때는 위에서부터 순서대로 가져가야 하고 뽑은 컵은 모두 가져가야 한다.

7. 모든 컵을 내려놓은 사람은 자기 자리로 와서 '위그아웃'이라고 외친다. 가정 먼저 모든 컵을 내려놓은 사람이 승리한다.

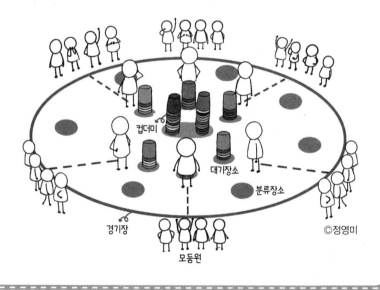

컵더미

대기장소

분류장소

경기장

ⓒ정영미

모둠원

1 컵 색상의 가짓수와 분류장소의 수는 같다.
> 예 컵이 빨강, 노랑, 파랑, 보라 4가지 색상이면 분류장소도 4곳이어야 한다.

2 대기장소의 수는 분류장소의 수보다 하나 적게 한다.
> 예 분류장소가 4곳이므로 대기장소는 3곳으로 한다.

3 참여 인원이 많아 컵이 많을 경우 컵 더미가 너무 높아져 쓰러지기 쉬우므로 컵 더미를 2개 이상 가운데에 둘 수 있다.

컵 더미와 대기장소, 대기장소와 분류장소 사이를 멀게 할수록 유산소운동량이 많아진다. 색깔 컵의 수가 많을수록 분류장소가 늘어나기 때문에 컵더미와 대기장소, 대기장소와 분류장소 사이를 더 자주 왕복해야 한다. 이때민첩하게 방향을 바꾸어야 하기 때문에 순발력 향상에 도움이 된다. 자신에게 주어진 컵 5개를 빨리 없애 자신이 먼저 '위그아웃'을 외치기 위해 게임에몰입하다 보면 게임이 끝난 후에야 마법에서 풀린 듯 지친 자신의 몸 상태를인지하게 되는 아이들을 볼 수 있을 것이다.

만화 『미생』에 '네가 이루고 싶은 게 있거든 체력을 먼저 기르라'는 이야기가 나온다. 체력이 약하면 빨리 편안함을 찾게 되고, 그러다 보면 인내심이이어지고 그 피로감을 견디지 못하게 되면 내가 이루고 싶은 것이 있어도 그것을 해낼 힘이 없기 때문이다. 바둑이든 공부든 취미활동이든 자신이 하고싶은 것을 하기 위해선 건강한 체력이 밑바탕이 되어야 한다는 것은 자명하다. 아이들이 보통 하루 6시간 이상을 보내는 학교는 교육과정이라는 테두리 안에서 체계적이고 지속적인 교육이 가능한 곳이다. 체력을 키우는 과정을 즐겁게 만들기 위해 고민하는 선생님들의 노력으로 아이들이 건강한 삶을 위한 기본 습관을 장착할 수 있는 발판을 마련해 줄 수 있을 것이다.

활동팁 1

처음 게임을 할 때 아이들이 이해하는데 어려움이 있다. 그래서 대기장소에 있는 아이 한 명씩 순서를 정해 자신의 컵을 한 번씩 분류장소에 두게 한다. 이렇게 아이들이 컵을 내려 놓는 기준을 이해하면 원래 게임 규칙대로 동시에 진행한다. 게임은 순서가 없다. 대기장 소에 있는 아이들 모두 동시에 시작한다. 그리고 위그아웃이라는 말을 아이들이 어려워한 다면 반 구호, 모둠 이름, 자신의 이름 등을 외치도록 해도 된다.

활동팁 2

각 모둠의 첫 번째 주자의 플레이가 끝나면 플레이를 했던 6명의 학생이 모두 컵을 정리하 고 각 모둠의 두 번째 주자가 플레이할 수 있도록 대기장소에 컵 5개를 놓아 다음 플레이 를 준비하게 한다. 아이들이 스스로 정리를 하는 것은 매우 필요한 교육적 활동이고, 다음 게임을 위해 컵 더미를 준비하는 과정은 특히 아이들이 신중하고 적극적으로 게임에 참여 하게 하는 효과가 있다.

활동팁 3

발명기법이나 스캠퍼기법을 활용하여 수업에 맞게 변형하여 활용할 수 있다.[4] 보드게임 〈위그아웃〉의 게임 규칙을 토대로 앉아서 카드를 테이블에 버리는 대신 몸을 움직여 넓은 공간 위 특정 공간에 컵을 놓는 신체활동으로 변형한 〈위그아웃 스태킹〉처럼 말이다.

---

4) 김한진, 『아이의 뇌를 깨우는 보드게임』, 책장속북스, 2023.

07 실수를 온전히 책임져보는
〈더블 스태킹〉

평소 체육 시간에 5~10분 늦게 오는 은미에게 건넨 말이다.

"은미가 늦어서 걱정했는데 무슨 일이 있었니?"

"……."

"우리 수업 시간을 지키기로 약속했죠?"

"……."

수업 시간에 들어오는 시각이 더 늦어질 땐 담임 선생님께 전화를 드린다.

"선생님! 은미가 아직 체육 수업에 안 왔어요. 교실에 있나요?"

"복도에서 버티고 있는데 제가 좀 달래 볼게요. 항상 이유가 있긴 해요. 제가 토닥거려줘야 할 필요가 있는 아이입니다."

언젠가는 수업 시간에 교실에서 위험한 물건들을 집어던지는 일이 있어 교감선생님과 담임선생님이 함께 상담을 하느라 수업에 들어오지 못하기도 했다.

손으로 하는 육상경기라고 불리기도 하는 스포츠스태킹을 배우는 첫 시간. 평소처럼 수업에 늦게 들어온 은미가 무표정하게 자신의 자리에 앉아 컵 12개가 담긴 주머니만 만지작거린다. 반면 다른 아이들은 각각 3개의 컵으로 이루어진 컵 더미 3개를 쌓고 내리는 3-3-3 스태킹 연습이 한창이다.

첫 단추를 잘 끼워야 은미와 스포츠스태킹 수업 5차시를 무사히 마무리할 수 있겠다는 생각에 아무렇지도 않은 척 조용히 다가가 아이들이 하는 3-3-3 스태킹 방법을 설명한다.

"세 가지 규칙만 생각하면 돼. 첫째는 왼쪽에서 오른쪽으로 컵을 쌓고, 쌓인 컵을 내릴 때도 왼쪽에서 오른쪽으로 해야 해. 둘째는 컵을 쌓을 때는 오른손과 왼손을 번갈아 사용해. 단, 쌓인 컵을 내릴 때는 양손을 동시에 사용하는데 3번째 더미 컵을 내릴 때는 오른손만 사용하는 거야. 마지막 세 번째는 실수가 발생하면 반드시 수정해야 한다는 거야. 자. 선생님이 시범을 보여줄게."

평소와 같이 시작은 순조롭다. 은미가 규칙을 잘 이해하고 혼자 연습을 시작했다. 은미에게 규칙을 설명하는 사이 아이들은 거의 3-3-3 스태킹 마스터가 되어 있었다. 다음엔 왼쪽 3개, 가운데 6개, 오른쪽 3개의 컵으로 이루어진 컵 더미 3개를 쌓고 내리는 경기인 3-6-3 스태킹을 설명하고 두어 차례 연습을 하니 수업 시간이 다 되었다.

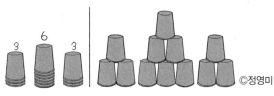

©정영미

▲ 3-6-3 스태킹

은미는 수업이 끝난 줄 모르고 연습을 하고 있었다. 교실을 나가며 아이들이 하는 말은 다음 수업 준비를 더 열심히 하고 싶게 만들었다.

"선생님! 쉬는 시간에 이거 좀만 더 연습하고 가도 되나요?"

"와! 이거 되게 재밌다. 우리 선생님께 교실에 사달라고 하자!"

"난 엄마한테 사달라고 해야지. 집에서도 연습하고 싶어."

그 후 스포츠스태킹 수업을 하는 동안 은미는 지각하지 않았다. 약속 시간을 지킨 은미에게 칭찬의 눈빛과 엄지척을 보여주었더니 어색해하면서도 좋아한다. 하루는 쉬는 시간에 교실을 찾아와 연습해도 되냐고 물었다. 은미에게 연습을 하는 모습이 성실해 보인다고 했더니 부듯해했다.

지금까지 배운 3-6-3, 6-6, 1-10-1 스태킹을 연속하여 진행하고, 마지막에 처음처럼 3-6-3으로 컵이 정리되는 사이클 스태킹을 아이들은 신기해했다. 자연스럽게 아이들은 사이클 스태킹을 무한 반복했다. 1-10-1 스태킹에서 높이 쌓은 컵을 동시에 양손으로 무너뜨릴 땐 "너무 시원해요.", "와! 짜릿해."하며 즐거워했다. 어느 정도 연습을 하고 기록을 측정할 때 바들바들 떠는 손을 보니 아이들이 진지하게 도전을 하고 있다는 것을 느낄 수 있었고, 기록에 아쉬움이 있을 땐 다시 연습하고 재도전하고자 하는 아이들의 적극적인 모습을 볼 수 있었다.

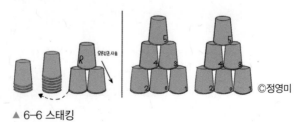

©정영미

▲ 6-6 스태킹

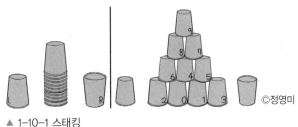

▲ 1-10-1 스태킹

©정영미

　둘씩 짝을 이루어 한 명은 오른손만 사용하고 한 명은 왼손만 사용해서 사이클 스태킹 기록을 측정하는 경기인 더블 스태킹을 할 때 그 어느 때보다 컵 떨어지는 소리가 여기저기서 요란했다. 이때 아이들의 반응은 크게 3가지다.

"야! 너 때문에 컵이 떨어졌잖아!", 남 탓을 하는 경우.

"괜찮아. 주으면 돼.", 서로 격려하는 경우.

"하하하하하하", 서냥 재밌어하는 경우.

　게임을 하기 전 규칙을 설명하면서 실수를 대하는 태도에 대해 강조할 필요가 있다. 누구나 실수를 한다. 우리는 실수를 통해 많은 것을 배운다. 더블 스태킹을 할 때 실수가 발생하면 반드시 실수를 범한 사람이 사용할 수 있는 손만을 사용하여 수정해야 한다. 실수한 사람이 수정을 하고 있을 때 다른 한 사람은 그 사람을 대신해서 게임을 진행할 수 없다. 실수한 사람이 온전히 실수를 책임지는 그 과정을 존중해주는 태도가 필요하다고 설명한다. 물론 한 번의 설명으로 아이들이 달라지지 않는다. 서로 비난하는 말이 나오는 즉시 게임을 멈추고 반복하여 설명하다 보면 아이들은 시나브로 변해 있다.

〈더블 스태킹〉 진행하기

두 명이 한 팀이 된다. 각각 어떤 손을 사용할지 정한다. 사용할 손을 정하면 게임 중에는 그 손만 사용해야한다.

1. 왼쪽에서 오른쪽으로 업 스태킹과 다운 스태킹을 한다.

2. 업 스태킹을 할 때 오른손과 왼손을 번갈아 사용한다.

3. 다운 스태킹을 시작할 때 양손을 동시에 사용한다. 단, 세 번째 스택의 다운 스태킹은 오른손만을 사용한다.

4. 실수가 발생하면 반드시 실수를 범한 사람이 사용할 수 있는 손을 사용하여 수정해야 한다.

기록을 측정할 때 잔뜩 긴장한 아이들에게 욕심내지 말고 천천히 서로 구호를 맞추며 실수를 줄여야 한다고 조언을 하고 일주일 간격으로 두 차례 사이클 스태킹과 더블 스태킹 기록을 측정했다. 예고한 대로 자신의 기록 향상도를 기준으로 기록이 많이 단축된 3팀을 발표했다. 평소 얌전해서 체육 시간 두각을 드러내지 않았던 민수와 하연·지수팀이 각 종목에서 가장 좋은 성적을 거두었다. 아이들은 환호성과 함께 우레와 같은 박수를 보냈다. 스포츠태킹 수업을 마무리하며 소감을 발표할 때는 은미도 손을 들었다. 대다수의 아이들처럼 친구와 함께 하는 더블 스태킹이 더 좋았고 스포츠 스태킹을 하는 체육 시간이 제일 재미있었다고 했다.

예상치 못한 결과로 무척 행복해했던 민수, 하연과 지수뿐만 아니라 아낌없는 축하를 해주었던 아이들, 스포츠태킹을 배우는 동안 지각하지 않고 적극적으로 수업에 참여했던 은미를 보며 체육과 교육과정에 다양한 신체 활동을 담아 저마다 다양한 능력을 지닌 우리 아이들이 나래를 펼칠 수 있는 장을 마련하여 성취감을 맛볼 수 있도록 해야겠다는 다짐을 하게 된다.

특히 더블 스태킹에서 실수가 아이들에게 걸림돌이 아니라 디딤돌이 되는 과정을 바라보며 체육 교과는 신체활동 가치의 내면화와 실천을 통해 미래 사회가 요구하는 핵심 역량을 습득함으로써 전인 교육을 실현하는 과목임을 다시 한번 깨닫게 된다. 로마 시인 유베날리스Juvenal가 '건강한 신체에 건강한 정신이 깃든다'고 했던 것처럼 스포츠정신, 가치, 태도 등으로 표현할 수 있는 바른 인성이 아이들의 삶에 스며들길 바란다.

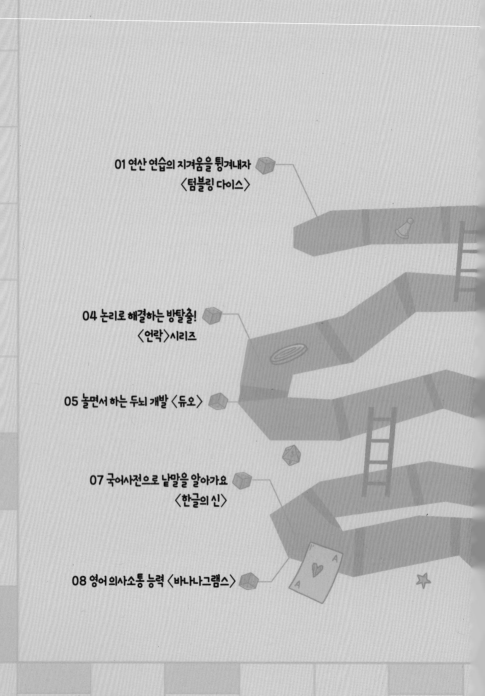

슬기롭고 즐겁게
살아가는 능력

04

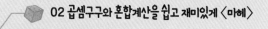
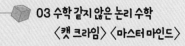

01 연산 연습의 지겨움을 튕겨내자
〈텀블링 다이스〉

　1교시 국어 시간을 수학으로 바꾼다고 하자 아이들이 큰 목소리로 불만을 표현했다. 거기에 연산 단원인 '곱셈과 나눗셈'을 배운다고 하니 더 큰 목소리로 소리쳤다.

　"아, 싫어요!"
　"곱셈, 나눗셈 진짜 재미없어요!"

　지금까지 만나온 아이들 대부분이 비슷한 반응을 보였다. 수학이란 과목을 재미없고 어렵다고 말했다. 특히 곱셈, 나눗셈과 같은 연산 영역은 더 지루해했다. 아이들의 마음도 이해가 간다. 연산을 능숙하게 하기 위해서는 연산 원리 이해, 추상화, 알고리즘 습득, 반복 연습 등을 거쳐야 한다. 각 단계들이 모두 쉽지 않은데 반복 연습까지 해야 하니 아이들은 특히나 지겨워하게 된다. 그런 경험들이 모여 수학이란 과목조차 싫어하게 만든다.

　옆에서 아이들의 그런 모습을 바라보는 나의 마음도 편하지 않다. 뛰어나고 기발한 수학적 사고력은 바라지 않더라도, '사칙연산만큼은 할 줄 알아야 세상을 살아갈 텐데' 하는 걱정이 든다. 어렵고 지겨운 것이지만 아이들이 꼭 배워야 하는 것이기에 때로는 사칙연산 공부의 필요성에 대해 잔소리를 하기도 한다. 하지만 역시 잔소리로 아이들의 마음을 돌릴 순 없다. 그래봤자 아이들의 멍한 표정만 더 볼 수 있을 뿐이다.

그래서 연산 연습을 재밌게 할 방법은 없을까 고민도 하고 인디스쿨 같은 커뮤니티에서 다른 선생님들의 방법도 찾아보기도 했다. 〈텀블링 다이스〉는 그런 과정 중에 곱셈 연습을 좀 더 즐겁게 하고자 찾은 게임이다.

〈텀블링 다이스〉는 이름 그대로 주사위를 튕겨 굴린다. 그리고 주사위의 눈과 주사위가 있는 영역의 수를 곱하면 점수가 된다. 점수를 계산하는 과정 속에서 곱셈 연습을 자연스럽고 재미있게 하게 되는 것이 내가 원하는 목표였다.

 게임 방법

〈텀블링 다이스〉 진행하기

1. 두 개의 게임판을 조립한다. 게임판은 부채꼴 모양이며, 5개의 영역(단)으로 이루어져 있다.

2. 플레이어들은 주사위의 색을 선택한다. 1개의 색 당 4개의 주사위를 갖는다.

3. 순서를 정하고 순서에 따라 정해진 위치에서 주사위를 손가락으로 튕겨 굴린다.

4. '주사위의 눈 × 게임판 영역에 따른 숫자'가 점수가 된다. (영역에 따라 ×0, ×1, ×2, ×3, ×4 가 있다.)

5. 모든 플레이어들이 주사위를 굴린 후 게임판에 남아 있는 주사위들의 점수를 더한다.

6. 점수가 가장 높은 플레이어가 승리한다.

게임은 주사위를 사용한 알까기와 비슷하다. 단순한 플레이 과정이지만, 예상치 못한 상황들이 아이들을 즐겁게 한다. 우선 주사위를 마음대로 튕기는 것부터가 쉽지 않다. 처음에는 점수 영역에 주사위를 놓는 것도 어렵다. 여러 번 주사위를 튕기며 익숙해지다가 우연찮게 나무 막대 부분에 맞고 ×4 영역에 안착하면 탄성을 지른다. 하지만 안심할 순 없다. 다른 주사위가 내 주사위를 밀어내고자 날아올 수도 있다. 반대로 내 주사위가 다른 색 주사위를 밀어내고 ×4 영역에 멈추면 아이들은 자기도 모르게 팔을 힘차게 휘두르며 환호한다.

몇 번의 플레이로 아이들이 재미를 붙였을 때, 점수 계산 규칙을 주사위로 얻은 점수들을 모두 곱하는 것으로 바꾸었다. 우리 반 아이들이 4학년이여서 (두 자리 수)×(두 자리 수) 이상의 곱셈 연습이 필요했기 때문이었다. 예를 들자면 게임판의 ×4 영역에 눈이 5인 주사위 1개, ×2 영역에 눈이 6인 주사위 1개가 있을 때, 원래 규칙대로면 $(5×4)+(6×2)$로 점수를 계산한다. 하지만 바꾼 규칙으로는 $(5×4)×(6×2)$로 계산하게 되는 것이다.

"제발 내 주사위 좀 쳐줘. 그냥 밖으로 빼 버려줘."

규칙을 바꾸자 아이들이 오히려 자신의 주사위를 쳐달라고 다른 친구들에게 부탁하는 모습을 보게 되었다. ×0 영역에 주사위가 1개라도 있게 되면 0점이 되기 때문이다. 이 부분을 깨달은 후, 아이들은 ×0 영역에 자신의 주사위를 두지 않기 위해 더 과감하게 주사위를 튕기기 시작했다.

그러다 보니 주사위가 게임판 위에 2개 이상 남지 않는 경우도 생겼다. 그런 경우를 위한 규칙을 추가했다. 점수가 높은 플레이어가 승리하는 게 아닌 계산을 빠르고 정확하게 한 플레이어가 승리하는 것이다. 곱셈을 위한 연습지를 주고 게임판 위 플레이어들의 주사위를 조합하여 곱셈식을 만든다. 그리고 계산을 빨리 끝내는 순서로 점수를 준다고 하자 아이들은 부리나케 자신의 자리로 들어갔다.

〈텀블링 다이스〉는 규칙이 단순하기에 인원수, 규칙 변형이 자유로운 편이다. 다른 색의 주사위만 추가 구입한다면 4명이 넘는 인원이 플레이할 수 있다. 인원수가 많아지면 점수로 이기기보다 모여 있는 주사위를 튕겨내는 통쾌함을 추구하는 아이도 나타난다.

곱셈 연습을 위하여 다양한 수 조합이 필요하다면 시중에 판매하는 여러 종류의 주사위를 구매할 수 있다. 시중에는 6면 주사위뿐만 아니라 8면, 10면, 12면, 20면체 등 다양한 주사위를 판매하고 있다. 그 주사위들을 사용한다면 규칙을 바꾸지 않아도 두 자리 수 이상의 곱셈이 나온다.

"선생님, 곱셈 저 자신 있어요."

"곱셈 전부 맞았어요."

〈텀블링 다이스〉만으로 아이들에게 저런 말을 들을 수는 없을 것이다. 결국 곱셈을 능숙하게 하기 위해서는 꾸준한 반복 연습이 필요하기 때문이다. 하지만 곱셈을 게임과 같이 즐겁게 했던 경험은 반복 연습의 지겨움을 이겨낼 힘이 된다.

02 곱셈구구와 혼합계산을 쉽고 재미있게 〈마헤〉

'수포자'라는 말이 있다. '수학을 포기한 자'의 줄임말로 미국인들이 한국인에게 가지는 고정관념 중 하나가 '한국인들은 수학을 잘한다.'라는데, 정작 우리나라 학생들 중 상당 수가 수학 공부로 골머리를 앓고 있는 현실이다. 내가 고등학생 때 많이 쓰던 말인데, 요즘은 초등학생들도 "저는 수포자예요." 하는 모습이 안타깝게 느껴지기도 한다.

그렇다면 다시 생각해본다. 수학은 왜 어려울까? 이를 이해하기에 앞서 '나선형 교육과정'을 이야기하고자 한다. 나선형 교육과정이란, '지식의 구조'는 교육의 수준에 관계없이 그 성격에 있어서 동일하며, 이 동일한 성격의 내용이 학년 수준이 높아짐에 따라 더 폭넓게, 또 깊이 있게 가르쳐져야 한다. 이와 같이 조직된 교육과정이 마치 달팽이 껍질 모양(螺旋形)과 같다고 하여 나선형 교육과정[5]이라고 부른다.

---

5) 서울대학교 교육연구소, 나선형교육과정, 교육학용어사전, 하우동설, 1995.

쉽게 말해 초·중·고 과정을 거치며 교육 내용은 같으나, 학년이 높아질수록 같은 교육 내용을 점차 폭넓고 심화적으로 배우게 되는 교육과정을 의미한다. 우리나라에서 채택하고 있는 교육과정이다. 수학 교과 역시 나선형 교육과정으로 고등학교까지 교육과정이 운영되는데, 이전 학년에서의 학습이 제대로 이루어지지 않을 경우 다음 단계를 이해하기가 다른 교과보다 훨씬 어렵다. 예를 들면, 덧셈을 제대로 하지 못하는 학생은 곱셈을 이해하기 어렵고, 곱셈을 제대로 하지 못하는 학생은 나눗셈을 제대로 하기 어렵게 된다. 이러한 특성 때문에 어린 시절 학습 실패를 경험한 아이는 수학을 두려워하고, 멀리하게 된다.

고학년 담임을 주로 맡아왔지만, 고학년 중에도 곱셈을 어려워하는 학생이 간혹 있었다. 수학을 무서워하지 않으려면 무엇보다 기초를 탄탄하게 잘 다지는 과정이 중요하다. 수학의 기초가 되는 연산을 재미있게 배울 수 있는 보드게임 〈마헤〉를 소개하고자 한다.

마헤는 아프리카 인도양에 위치한 작은 섬나라 세이셸에 속한 실제 섬의 이름이다. 이 섬에는 거북이들이 많이 사는데, 〈마헤〉는 거북이들이 마헤 섬을 한바퀴 헤엄치고 육지로 나와 알을 낳는 게임이다. 플레이어들에게 거북이 모양의 말이 하나씩 주어지고, 주사위를 던져 이동해 가장 많은 알을 낳는 플레이어가 이긴다.

거북이 말을 이동할 때 계산이 활용된다. 자기 차례에 주사위 세 개를 가지고 시작한다. 우선, 주사위를 하나만 던진다. 나온 주사위 눈을 확인한 뒤,

주사위를 한 개 더 던질지 말지를 결정해야 한다. 왜냐하면 던져서 나온 주사위 눈의 합이 7을 넘게 되면 말을 이동할 수 없게 되기 때문이다. 예를 들어 첫 번째 주사위의 눈이 5, 두 번째 주사위의 눈이 3이 나왔다면 주사위 눈의 합은 8이 되어 이동에 실패하고 맨 처음 시작 지점(뗏목)으로 돌아와야 한다.

주사위 눈의 합이 7을 넘지 않는 데 성공했다면 이동 규칙은 다음과 같다.

(던진 주사위의 수) × (주사위 눈의 합)

예시) 재혁이는 주사위를 총 3개 던졌다. 주사위의 눈은 1, 3, 2가 나왔다. 3×(1+3+2)=18이므로 말판에서 18칸을 이동한다.

지금까지는 기본적 규칙이고 〈마헤〉에서 특별한 재미를 주는 부분은 지금부터 설명할 규칙이다. 자기 차례에 주사위를 던지고 움직이려는데 그 칸에 이미 다른 플레이어가 있다면, 자신의 거북이를 다른 플레이어 거북이 위에 업힐 수 있다. 이렇게 업히게 되면 아래에 있는 거북이 차례 때도 업힌 채로 함께 이동할 수 있게 된다. 또한 주사위를 더 던질지 말지도 결정할 수 있는 특권도 주어진다.

 〈마헤〉 진행하기

1. 시작 플레이어를 정한다.

2. '육지' 구역에 알 카드를 잘 섞어 앞면이 보이지 않게 뒷면으로 쌓아 더미를 만든다.

3. 모든 거북이 말들을 시작지점(뗏목)에 올려둔다.

4. 자기 차례가 되면 주사위 세 개를 받는다. 첫 번째 주사위를 하나 던진다.

5. 첫 번째 주사위의 눈을 보고 주사위를 한 번 더 던질지 말지를 결정한다. 두 번째 주사위를 던지기로 결정했다면, 주사위의 눈의 합이 7이 넘어서는 안된다. 7이 넘게 된다면 말판 이동에 실패하고 시작지점으로 돌아온다.

6. (두번째 주사위도 던졌다면) 두 번째 주사위의 눈을 보고 주사위를 한 번 더 던질지 말지를 결정한다. 세 번째 주사위를 던지기로 결정했다면, 주사위의 눈의 합이 7이 넘어서는 안된다. 7이 넘게 된다면 말판 이동에 실패하고 시작지점으로 돌아온다.

7. 주사위 눈의 합이 7이 넘지 않았다면, (던진 주사위의 수)×(주사위 눈의 합) 만큼 이동한다.

8. 이동 후 도착한 칸에 다른 거북이가 있다면 그 거북이 등에 업힌다. 업힌 거북이는 업은 거북이의 차례 때도 같이 움직일 수 있고, 그때 주사위를 던질지 말지도 결정할 수 있다.

9. 육지 칸에 도착하거나 지나갈 때 알 카드를 한 개 가져간다. 알 카드는 알의 수에 따라 게임이 끝났을 때 나의 점수가 된다.

10. 다른 거북이에 업힌 채로 육지 칸에 도착하거나 지나갈 경우, 가장 위에 업힌 거북이가 알 카드를 가져간다.

11. 알 카드가 다 떨어지면 게임이 종료되고 내가 가진 알의 개수를 세서 점수를 계산한다.

게임을 해보면 다른 사람의 거북이에 업히는 것이 게임을 굉장히 유리하게 이끌어갈 수 있기 때문에 아이들은 최대한 다른 사람의 거북이에 업히고자 한다. 이때 머릿속으로 수학적 사고가 일어난다.

"야, 너 주사위 안던졌으면 쟤한테 업힐 수 있었는데."
"아, 맞네! 계산하고 던질걸!"

친구의 거북이에 업히려면 열두 칸을 가야 했다. 아이는 혼합 계산을 통해 열 두 칸을 갈 수 있는 경우의 수를 생각해야 했고, 첫 번째 주사위를 던지고 나서는 주사위 눈의 합이 7이 넘지 않아야 하기 때문에 사건의 가능성을 생각해야 한다. 덧셈, 곱셈, 확률 등을 모두 활용하게 되는 것이다.

규칙이 간단하기 때문에 아이들은 한 번만 규칙을 설명해줘도 게임을 곧잘 한다. 하지만 전략적으로 승리를 도모하기 위해서는 수학적 사고가 필요하기에 즐겁게 게임을 하면서도 자연스레 사고 과정이 이루어지게 된다. 〈마헤〉는 여러 명이서 할수록 즐겁고 재미있다. 아이들은 놀이를 하고 있다고 생각하지만, 사실은 수학 공부도 함께 하게 된다. 재미있게 배우는 수학, 〈마헤〉를 해보자.

03 수학 같지 않은 논리 수학
〈캣 크라임〉〈마스터 마인드〉

"너희들 중에 수학 좋아하는 사람?"

수학을 배우는 첫 시간이면 꼭 아이들에게 물어보는 질문이다. 절반도 안 되는 아이들이 손을 든다. 어떤 경우에는 한 손가락에 꼽는 일도 있다. 이러면 아직 수업 시작도 안 했는데 김이 빠진다.

"선생님 저는 수학 포기했는데요? 2학년 때 포기했어요!"

한숨이 나오는 걸 가까스로 참았다. 어떻게 보면 아이들이 그러는 것도 이해는 간다. 수학은 글이나 그림을 읽는 것을 넘어선다. 보이는 자료를 숫자와 기호로 바꾸고 정확하게 계산까지 해야 한다. 머리가 얼마나 아플까? 한편으로는 안타깝다. 수학은 생활을 편리하게 사용하기 위해 만든 것인데 말이다.

우리가 너무나 당연하게 사과 4개를 놓고 '네 개'라고 말하지만, 오늘날 지구 곳곳에 사는 몇몇 원시 부족들은 아직도 그런 개념이 없다. 예를 들어 그들은 사과 더미의 사과를 셀 때 하나, 둘까지만 세고 그다음은 모두 많다고 센다.[6] 우리는 너무 익숙한 수 세기지만 어느 부족에게는 그런 개념 자체가 존재하지 않는다. 그뿐만 아니라 분수는 고대 이집트에서 피라미드를 지을 때 노동자들에게 임금으로 나눠줄 때 사용했다. 가령 빵 3개를 4명이 똑같이 나누려면 분수가 필요했던 것이다. 이처럼 수학은 인간이 삶을 편리하게 하려고 만들어낸 인류의 위대한 발명품이다.

아이들에게 외면받는 수학이지만 아이들이 눈빛을 반짝반짝 빛내며 반기는 시간도 있다. 수학적 사고를 하는데 왠지 수학이라 여겨지지 않는 문제들, 예를 들면 '구슬 10개를 3개의 컵에 홀수 개씩 담아라' 같은 논리 문제나 '다음에 올 규칙을 찾아 빈칸을 채우세요' 같은 규칙 문제는 〈문제적 남자〉라는 방송에서 나올법한 문제들이다. 이런 문제를 칠판에 가득 적고 풀어보게 하면 아이들은 평소와 다르다. 분명 수학인데 아이들의 몰입력은 대단하다. 한번은 현솔이가 의자에서 벌떡 일어나서 앞을 가리지 말라고 한 적도 있다. 사실 현솔이는 수학이 제일 싫다고 한 아이다. 할만하고 하고 싶다는 뜻이다. 분명 수학인데 아이들이 움직인다.

〈마스터 마인드〉, 〈캣 크라임〉은 이런 종류의 수학을 다룬다. 수학 같지 않은 논리 문제들로 구성되어 있다. 〈마스터 마인드〉는 비밀코드 4가지 색깔을 맞추는 게임이다. 비슷한 게임 중 〈숫자 야구〉가 있다. 〈숫자 야구〉에서는 3자리의 비밀 숫자를 추리하지만 〈마스터 마인드〉는 4자리의 비밀 색깔을 맞추게 된다. 자리와 색이 모두 맞으면 '빨간색' 막대로 신호를 주고 색만 맞으면

---

6) 조르주 이프라, 『숫자의 탄생』, 김병욱, 2011.

'흰색' 막대로 신호를 준다. 〈숫자 야구〉보다 자리가 하나 더 많고 난이도가 살짝 높다. 하지만 색이라 좀 더 직관적이다. 게임을 하면서 상대의 힌트를 보고 계속 머릿속으로 추론을 하게 된다. 한판 했을 뿐인데 제법 머리를 많이 쓴 것 같은 느낌이 드는 그런 게임이다. 미국에서 가장 영향력이 있는 교사로 꼽히는 레이프 에스퀴스[7]가 추천한 게임이기도 하다.

〈캣 크라임〉은 여섯 마리의 고양이들이 거실에서 어떤 문제를 일으켰다는 설정으로 시작한다. 각각의 고양이들의 알리바이가 몇 문장으로 적혀 있는데 고양이들의 인상착의와 특징, 거실에 놓여 있는 물건들을 보고 어떤 고양이가 범인인지 추론해야 한다. 실제로 주어진 컴포넌트를 움직여가면서 탐정이 되어 문제를 풀게 된다. 익숙한 문제 중에 '줄 세우기'[8]를 떠올리게 하는 게임이다.

 〈마스터 마인드〉 진행하기

1. 문제 출제자를 정한다.
2. 문제 출제자는 태엽처럼 생긴 비밀코드기를 돌려 색으로 된 코드 4개를 보이지 않게 맞춘다. 색은 같은 색을 여러 개 골라도 괜찮다.
3. 참여자들은 추론을 시작한다. 돌아가며 8가지 색깔로 만들어진 작은 단추를 홈에 끼운다. 문제 출제자는 단추를 보고 힌트를 제공한다. 색과 자리가 맞으면 빨간색 막대를 자리만 맞으면 흰색 막대를 보여준다.
4. 참여자들은 힌트를 보고 비밀코드가 무엇인지 추론한다.
5. 개인적으로 진행하면 맞추는 사람이 1점, 팀전으로 하면 추리하고 남은 칸만큼 팀점수를 얻는다.

〈캣 크라임〉 진행하기

1. 게임판, 고양이, 물건 토큰을 테이블에 깔아 놓는다.

2. 논리 퍼즐 문제를 하나 고른다. 문제에는 망가진 물건이 나와 있고 몇 개의 문장이 적혀 있다. 예를 들면 아래와 같다.

> '누가 구두를 망가트렸나?'
> ① 모모와 코코는 침대에서 자고 있었다.
> ② 보리는 박하사탕 + 양말의 앞자리에 앉아 있었다.
> ③ 미미는 보리의 맞은 편에 앉아 있었다.
> ④ 나비는 어항의 바로 옆에 앉아 있었다.
> ⑤ 모찌는 미미의 바로 왼쪽에 앉아 있었다.
> ※ 이해를 돕기 위해 고양이 이름은 실제 게임과 다르게 변경하였음

3. 문장에 맞게 고양이를 움직이면서 물건을 망가트린 고양이를 찾는다.

4. 혼자 해도 좋고 짝끼리 해도 좋다. 전체가 함께 문제를 푸는 시스템으로 바꾸어도 좋다.

5. 문제에 성공하면 1점을 얻는다.

생각해보면 수학은 우리 삶 곳곳에 촘촘히 있다. 세 잎 클로버 사이에서 네 잎 클로버를 찾는 것도 3으로 둘러싸인 4를 찾는 수 인식이고, 마트에 가서 그램당 금액을 계산해 더 저렴한 식품을 사는 것도 비율이 들어간 수학이다. 반에 아이스크림이 한 사람 앞에 하나씩 배달됐을 때 하나가 남는다면 이때 선생님도 껴서 모두가 공평하게 먹는 것도 수학적 사고가 있어야 가능하다. 삶에서 이런 문제를 해결하면 해냈다는 성취감도 따라온다. 아이들은 이런 순간을 스스로 해결하고 하고 싶어 한다.

"얘들아, 힌트 줄까?"

"아악! 선생님 안 돼요!"

보드게임으로 아이들이 지금 여기에 있는 수학을 하고 싶게 해보자. 조금씩 수학의 빗장이 풀리면 분명 수학에 매력을 느끼게 될 것이다.

---

7) 『아이 머리의 불을 댕겨라』 저자. LA의 빈민가에서 아이들을 가르치고 있다. 그의 학생들은 90퍼센트가 극빈층이지만 높은 성적을 유지하고 있다.

8) 줄 세우기 문제. 예를 들면 이런 종류의 문제를 말한다. (문제) 녹색 모자를 쓴 사람은 몇 번째에 있을까요?
  1. 다섯 가지 색깔의 모자를 쓴 사람이 있다.
  2. 빨간색 모자를 쓴 사람 앞에는 아무도 보이지 않는다.
  3. 녹색 모자를 쓴 사람 앞에는 빨간색 모자를 쓴 사람밖에 없다.
  4. 파란색 모자를 쓴 사람은 녹색 모자를 쓴 사람 바로 옆에 있다.
  5. 노란색 모자를 쓴 사람 앞에는 네 명이 보인다.
  6. 검은색 모자를 쓴 사람은 바로 옆에는 녹색 모자를 쓴 사람이 없다.

04 논리로 해결하는 방탈출!
〈언락〉시리즈

"선생님, 수학 문제 생각하기가 너무 싫어요. 도대체 왜 분수의 곱셈을 배워야 해요?"

이럴 때마다 공부는 세상을 살아갈 때 생각하는 힘을 기르기 위해서라고 좋게 설명해주지만, 아이들은 이해를 못 하는 표정이다. 지금 안 풀면 체육 시간까지 수학 문제를 풀게 될 거라는 으름장을 듣고 나서야 학생은 입술을 삐죽이며 다시 문제를 들여다본다.

집에 가서도 이러한 행동은 계속되는 모양이었다. 학부모 상담이면 부모님이 오셔서 수학에 대한 걱정을 토해내신다.

"우리 아이가 집에 오면 유튜브만 보고 수학 공부를 안 해서 너무 걱정이에요, 선생님."

한편으로 이해가 된다. 교사인 나도 초등학교 때 원주율을 배우면서 '이런 걸 왜 배우지? 원을 굳이 왜 쪼개지?'라고 생각했기 때문이었다.

또, 시골 학교의 특성상 방과후까지, 하루 아홉 시간씩 학교에 있는 아이들에게 집에 가서도 공부하라고 강요하는 것이 교육적인가에 대한 철학적인 고민이 있기도 했다. 어느 기사에서도 대학생보다 초등학생이 공부 시간이 많다는 말을 듣기도 했다. 집에 가면 유튜브와 같은 쉽고 중독적인 콘텐츠가 넘쳐나는데 아이들이 수학 숙제를 해오리라 기대하는 것이 어찌 보면 불가능하겠다는 마음도 들었다.

그렇다면 학생들이 어떻게 하면 수학 공부를 쉽고 재미있게 느낄 수 있을까? 수학 시간에 그 힌트를 얻게 되었다. 학생들은 실제 자신이 체험할 수 있는 수학 문제에는 흥미를 보이고 적극적으로 토론하였다. 예를 들어 $3 \times 1/8$ 이라는 수학 문제를 쳐다보기도 싫어하면서 피자 3판을 8명이 나눌 때 한 명이 몇 조각 먹을지는 열띤 토론의 장이 열린다. 이에 생각하게 된 것이 〈언락〉이라는 방탈출 보드게임이었다.

방탈출 카페는 무척 몰입감이 높고 두뇌를 풀 가동하는 논리 지능형 게임이지만, 한 번 갈 때마다 너무 비싸고, 도심에 있는 번화가나 백화점에 가야 하므로 꽤 번거롭다. 하지만 〈언락〉 시리즈는 혼자서도 할 수 있고, 친구랑도 쉽게 할 수 있다. 특히 우리반 아이들은 시골에 있는 학교이기 때문에 문구점도 쉽게 갈 수 없는 상황에서 이런 보드게임을 만나며 더 흥미롭게 느꼈다.

어쩌면 방탈출 보드게임과 수학의 상관관계에 의문이 생길 수도 있다. '잘난척 하더니 겨우 애들이 하는 방탈출? 나는 논리적이고 체계적인 사고력을 기를 수 있는 보드게임을 원했는데?'라며 책을 덮으실지도 모르겠다. 하지만, 수학이라는 것은 궁극적으로 논리적으로 사고하는 방법을 배워서 세상 사는 데 어려움이 없게 하기 위한 학문이다. 우리는 수학을 열심히 공부하면서 이 세상의 다양한 문제에 논리적으로 사고하고 대처할 수 있게 되었다. 마찬가지로 방탈출을 하면서 문제를 하나씩 풀어나가는 과정은 논리적이고 체계적인 사고를 하게 된다. 심지어 흥미롭기까지 하며 이 게임을 하면서 무의식적으로 수학적 사고력을 키운다.

게임 방법

📣 〈언락〉 진행하기

1. 하나의 시리즈 안에는 번호가 적힌 카드가 들어 있다. 카드의 종류에는 빨간색, 파란색, 노란색, 초록색, 벌점 카드가 있다.

2. 게임을 풀어 나가면서 서로 관련 있는 파란색 카드와 빨간색 카드를 조합해야 한다.

3. 새로운 숫자를 얻게 되면 해당되는 숫자 카드를 뒤집는다. 만약 잘못 조합했다면 벌점 카드가 나온다.

4. 벌점 카드를 받았다면 언락 어플에 벌점 버튼을 누르고, 힌트를 얻고 싶다면 어플에 힌트 버튼을 누른다.

5. 풀다가 노란색 카드의 비밀번호를 알게 되면 어플에 입력하고 다음 단계로 넘어갈 수 있다.

6. 초록색 카드는 어플에서 기계 장치를 조작해 문제를 푸는 카드이다.

7. 새로운 카드의 윗부분에 빗금 쳐져 있는 숫자를 본다면 해당하는 카드는 다시 쓸 일이 없기 때문에 게임에서 제외시키면 된다.

8. 어플에서 60분이라는 제한 시간 안에 게임을 풀어야 하며, 벌점을 얻거나 힌트를 사용하면 시간이 줄어든다.

※ 일회성이라는 방탈출 게임 특성상 구체적인 안내가 어렵습니다. 실물은 QR를 참조해주세요

아이들은 게임을 하면서 카드들이 어떤 연관이 있는지 꼼꼼히 살펴야 한다. 작은 단서도 어떤 논리적 연결에 실마리가 되기 때문에 높은 수준의 사고력과 집중력이 필요하다. 이러한 경험은 아이들이 학교 교육과정을 공부할 때에 긍정적으로 작용한다. 수학 문제를 풀 때는 다양한 방법을 구안해야 하고, 긴 이야기를 읽을 때도 높은 이해력과 사고력이 필요하다. 이때, 이러한 경험이 발판이 되어 학생은 자신감 있게 문제를 풀어나갈 수 있다. 또한, 창의적으로 생각할 힘도 기를 수 있다. 이 게임에서 카드들을 결합할 때는 논리적으로 사고해야 할 뿐만 아니라 창의적 사고력도 필요하다. 특히 기계 장치 또는 노란색 자물쇠 카드에 관한 문제를 풀 때는 숨겨져 있는 새로운 숫자를 발견하거나 카드들을 겹치거나 하는 등 기발한 방법을 생각해내야 한다. 이렇게 해서 문제를 해결하면 그 성취감이 생각보다 크다.

방탈출 게임에 나오는 문제들을 푸는 것은 어렵지만 그래도 도전하고 싶다. 그 이유가 뭘까? 우선 다른 친구들과 경쟁하지 않는다. 다 같이 머리를 맞대고 과제를 해결해 나가는 과정에서 즐거움을 느낄 수 있다. 그리고 문제에 재밌는 스토리가 담겨 있다. 실제로, 수학 시간에 여러 영화 장면이나 캐릭터들을 활용해서 수학에 스토리를 입혀 진행하기도 하는데 단지 이야기가 있을 뿐인데 아이들은 그런 수학 시간을 무척 기다린다.

우리 반 아이 중에 수학 시간에 불평만 하던 한 아이는 이 보드게임을 할 때는 적극적으로 참여하였다. 항상 수학 시간에 멍을 때리거나 집중하지 못하던 학생이 적극적으로 몰입해서 생각하는 모습은 놀라웠다. 보드게임의 힘을 더욱 실감하는 순간이었다. 이후, 미미하지만 그 아이 수학 성적은 올랐다. 수학 시간에 수학을 싫어하는 건 수학이 어렵기 때문도 있지만, 수학을 하고 싶지 않은 마음이 더 크지 않을까? 수학이라면 기겁하는 무기력한 아이가 있다면 언락으로 논리수학의 세계로 들여오는 건 어떨까? 99도의 물이 1도 끓어야 수증기로 변하듯이 아이들에게는 1도의 온도가 수학을 좋아하는 상태로 만들지도 모른다. 보드게임으로 수학을 좋아하게 해주자.

05 놀면서 하는 두뇌 개발
〈듀오〉

왜 수학은 아이들에게 부담스러운 과목이 됐을까? 많은 이유가 있겠지만 수학을 잘하기 위해서는 정말로 다양한 능력이 필요하기 때문이 아닐까? 수학을 잘하기 위해 필요한 능력을 말하라고 하면 보통 계산 능력을 말하곤 하지만 수학은 단순히 계산만 능숙하다고 잘할 수 있는 과목이 아니다.

우리가 일상생활 속에서 수학을 사용할 때를 떠올려 보자. 사야 할 물건의 가격을 비교할 때, 미술 작품의 구도를 고민할 때, 친구들과 게임할 때…. 계산 능력뿐만 아니라 추론 능력, 창의적 문제해결 능력, 분석 능력, 의사소통 능력, 최근 들어 부각되고 있는 문해력까지 정말 다양한 능력을 사용하고 있음을 깨달을 것이다.

학교에서 수학을 가르치는 것 역시 궁극적으로는 아이들에게 다양한 능력을 길러주기 위해서이다. 아이들은 일상생활을 살아가며 다양한 문제 상황을 마주한다. 그러한 상황들을 해결하기 위해서는 주어진 문제를 분석하고, 창의적인 해결 방법을 생각하여, 주변 사람들과 협동하여 해결해 나가야 한다.

그때 필요한 능력을 기르기 위해서는 수학 교과서로 개념과 원리를 배우는 것 외에도 실제 생활에서 수학적 능력을 적용해보는 것이 필요하다. 그러나 현실의 학교는 진도를 나가는 것만으로도 벅차고 여러 활동을 하기에도 한계가 있다. 그럴 때 다양한 수학적 능력을 길러줄 수 있는 보드게임을 활용한다면 아이들의 수학적 능력 계발에 큰 도움이 될 것이다.

미국의 멘사는 지능 검사 결과가 상위 2% 이상으로 나와야 가입할 수 있는 고지능자의 모임이다. 멘사에서는 매해 두뇌 개발에 도움이 되는 게임을 5개 선정하는데 이것을 멘사 셀렉트라고 부른다. 듀오는 1995년에 멘사 셀렉트에 선정된 게임이다.

 〈듀오〉 진행하기

1. 카드를 모두 잘 섞은 후 7장씩 나눠 가진다.
2. 나머지 카드는 뒤집어 더미를 만들어 가운데 두고 맨 위 2장을 공개해 더미 양 옆에 1장씩 놓는다.
3. 차례대로 카드를 낼 수 있는 만큼만 낸다. 이때, 카드를 내는 규칙을 따라야 한다.
   - 일반 카드의 경우 공개된 카드의 3가지 요소(색깔, 숫자, 도형) 중 2가지 요소가 일치하는 카드를 내려놓는다.
   - 와일드 카드의 경우 1개의 요소만 일치하면 내려놓는다. 와일드 카드 위에 다른 카드를 내려놓는 경우에도 1개의 요소만 일치하면 된다.
   - 공개된 2장 중 한쪽만 선택해 내려놓아야 하며, 낼 카드가 없을 경우 더미에서 1장을 가져오고 자신의 차례를 패스한다.

4. 누군가 자신의 카드를 모두 내려놓으면 게임을 종료한다. 자신의 손에 남은 카드는 모두 1장당 1점씩 벌점이 된다.

5. 게임이 익숙해지면 응용 규칙인 '데몬 듀오' 규칙으로 게임을 진행한다. 데몬 듀오는 기본 듀오와 방법이 똑같지만 카드를 내려놓는 순서 없이 모두가 동시에 진행 한다.

출처 : 팝콘게임즈

듀오 설명을 들은 아이들은 곧바로 비슷한 게임을 떠올린다.

"선생님, 이거 〈우노〉예요?"

"〈원카드〉랑 엄청 비슷해요!"

'원카드'와 '우노'는 간단한 규칙으로 여러 사람이 즐길 수 있어 전 세계 사람들의 사랑을 받는다는 공통점이 있다. 〈듀오〉 역시 마찬가지이다. 규칙이 간단하며, 2~6인이 즐길 수 있어 유동성이 좋고, 숙련도에 따라 기본 규칙과 숙련자용 데몬 규칙으로 바꿀 수 있다.

그러나 간단한 규칙과 달리 〈듀오〉를 하며 이기기는 쉽지 않다. 내 손에 든 카드를 모두 없애고 이기기 위해서는 끊임없는 고민이 필요하다. 처음에는 〈우노〉나 〈원카드〉를 떠올리며 쉬울 것 같다고 말하던 아이들도 막상 게임에 들어가면 표정이 심각해진다.

▲ 카드 콤보 예시　　　　　　▲ 플레이 중인 사진

한 장의 카드를 어떻게 내느냐에 따라 내 손에 있는 카드를 여러 장 없앨 수도 있고 겨우 한 장만 내고 내 차례가 끝날 수도 있다. 누군가 손에 든 카드를 모두 없애면서 게임이 끝나면 손에 남은 카드는 모두 벌점이 되기 때문에 내 순서에서 가장 유리한 방법을 찾아야만 한다. 내가 생각하는 동안 다른 사람이 도와주거나 방해할 수 없어서 내 능력을 기르는 데 집중할 수 있다.

처음에는 한 장 내려놓는 것도 힘들어하던 아이들이 어느새 도형, 숫자, 색깔을 순식간에 비교해내며 손에 든 카드를 여러 장씩 없애고 있었다. 잘하는 옆 친구의 플레이를 보며 무엇부터 내려놔야 나에게 유리한지 자연스럽게 배우기도 했다. 카드 내려놓는 순서를 실수하는 순간 아이들의 입에서는 탄식이 터졌고 똑같은 실수를 반복하지 않기 위해 더 열심히 고민했다. 어느새 아이들은 자신들이 수학 공부를 하고 있다는 것도 잊은 채 수학적 능력을 기르고 있었다.

수학 시간에 활용할 수 있는 게임은 많다. 하지만 대부분의 수학 게임은 연산 능력을 기르는 데 집중하는 게임들이다. 이러한 게임들은 연산 능력을 기르기에 좋지만, 해당 연산을 배우는 학년에 맞춰 사용해야 한다는 단점이 있다. 단순히 덧셈이나 뺄셈만 사용하는 게임은 고학년에게 사용하기 어렵고 곱셈이나 혼합 계산이 필요한 게임은 저학년에게 사용하기 어렵다. 하지만 듀오는 어느 학년에나 필요한 수학적 능력을 길러주는 게임이기 때문에 어떤 학년에서도 활용할 수 있다.

〈듀오〉로 수학 수업을 진행하면 단순히 문제만 풀 때보다 수업에 생기가 흐르는 걸 느낄 수 있었다. 아이들은 카드의 도형, 숫자, 색깔과 게임의 전략을 이야기하며 그 어느 때보다 수학 수업에 열심히 참여했다. 문제 풀이에 지쳐 수학까지 싫어진 아이들이 있다면 〈듀오〉와 같은 보드게임을 활용해보자. 아이들에게 수학적 능력을 길러주면서도 수학에 대한 즐거운 경험까지 만들어 줄 수 있다.

06 이야기 상상의 나침반
〈스토리큐브〉

　수업을 하다보면 매년 아이들이 공통적으로 좋아하는 활동을 만나게 된다. 국어교과에서 아이들이 좋아하는 활동 중 하나는 '상상을 바탕으로 이야기 쓰기'이다. 자신에 대해 말하기를 좋아하는 시기인데 초등학생 특유의 풍부한 상상력이 더해지면 수업시간이 부족해진다. 이 활동을 할 때면 아이들이 스스로 쉬는 시간까지 이어서 공부하자고 말하기도 한다. 또 선생님이 조용히 하라는 말이 필요 없을 정도로 다른 아이들이 지은 이야기를 집중해서 듣는다. 그러면서 다른 아이의 상상력이 기발할 때면 탄성을 지르기도 하고 이야기가 끝난 뒤에는 진심 어린 박수를 쳐준다. 선생님도 아이들의 이야기를 들으며 때론 감탄한다. 아이들이 즐거워하고 집중하는 만큼 뿌듯하고 가르치는 재미가 느껴진다.

　하지만 모든 아이가 그런 것은 아니다.

　"선생님, 뭘 써야 할지 모르겠어요. 너무 막막해요."

꽤 많은 아이들이 고개를 푹 숙인 채, 교과서를 보며 이렇게 말한다. 이야기의 소재나 주제를 잡지 못하고 교과서 위에 쳐진 줄 위에서 길을 잃어 헤매고 있다. 그런 아이를 만나면 나 역시 막막하긴 마찬가지다. 아이의 머릿속에 있지 않으니 어디서 시작을 잡아줘야 할지 감이 잡히지 않는다. 길 잃은 아이들을 줄이기 위해 글쓰기 전에 여러 활동을 하기도 한다. 아이들의 즐거웠던 경험, 재밌게 보았던 영화나 책 등을 브레인스토밍 해보고 이야기를 나눈다. 그러나 효과는 신통치 않다. 그럴 때 〈스토리큐브〉가 도움을 줄 수 있다.

처음 〈스토리큐브〉를 받고 깜짝 놀랐다. 손바닥 크기의 상자에 딱 9개의 주사위만 들어 있었기 때문이다. 보드게임이라고 하면 생각되는 과자 상자의 크기보다도 훨씬 작고 카드 또는 부속품들이 없었다. 거기에 규칙 소개마저 간단했다. 혹시 내가 게임 규칙서가 없는 불량품을 받았나? 하는 마음에 인터넷에서 게임 소개 페이지를 다시 찾아보기도 했다.

 〈스토리큐브〉 진행하기

1. 주사위를 굴려 나온 그림을 소재로 이야기를 만든다.
2. 주사위의 그림을 보고 한명씩 번갈아가며 이야기를 만든다.
3. 규칙을 자유롭게 변형할 수 있다. (주사위의 개수, 이야기를 만드는 방법 등)

하지만 효과는 굉장했다.

수업을 시작하며 보드게임을 통해 이야기를 만들어낼 거라고 하자 아이들의 눈빛부터 달라졌다. 〈스토리큐브〉를 소개하는 간단한 영상을 보여주자 아이들은 빨리 해보자며 재촉했다. 원래 좋아하는 활동인데다 보드게임을 같이 한다는 것이 동기를 크게 부여해주는 듯 했다.

한 명씩 나와 주사위를 굴리고, 그 주사위의 그림들을 화면에 크게 띄워주었다. 아이들은 집중하며 이야기를 써나가기 시작했다.

"난 낙하산으로 시작해야겠다."
"그래? 난 화살로 시작할 거야."

글쓰기를 할 때, 시작을 어려워하던 몇몇 아이도 9개의 그림 중 하나를 선택하거나, 다른 친구들의 이야기를 듣고 자신의 길을 찾아가기 시작하였다. 그 과정은 지금까지 해오던 브레인스토밍이나 다른 활동보다도 훨씬 간편하고도 빨랐다.

아이들이 빠르게 상상의 길을 찾은 데에는 간단한 그림과 자유로운 규칙 때문이다. 상상을 도와주는 것에 활용 가능한 보드게임은 〈스토리큐브〉 말고도 다양하다. 대표적인 게임은 〈딕싯〉이다. 〈딕싯〉에는 자유롭게 연상할 수 있는 그림이 그려진 카드가 있다. 그러나 〈딕싯〉의 그림은 자유롭게 연상이 가능한 대신 정확한 무엇을 표현한 그림이라고 한 단어로 정의내리기는 어렵다. 그렇기에 이야기의 소재로 쓰기에 아이들은 더 어렵게 느낀다. 반면 〈스토리큐브〉의 그림은 간단하며 알아보기에 편하다. 하지만 활용은 자유롭게 할 수 있다. 꼭 그림을 말하는 단어가 이야기 속에 등장하지 않고, 그 그림을 통해 연상되는 다른 단어가 이야기 속에 등장해도 된다.

규칙이 단순하기에 학급 상황과 아이들의 수준에 맞추어 다양하게 활용할 수 있다. 다인수 학급에서는 모둠별로 〈스토리큐브〉를 주고 이야기를 만들어 볼 수도 있다. 한 명이 이야기의 처음부터 끝까지 만드는 것이 아니라 한명이 한 문장씩 만들어 갈 수도 있으며, 긴 이야기 만들기를 어려워하는 아이라면 3~5개 정도의 주사위만 사용하거나 9개 그림 중 마음에 드는 것을 정해진 수 만큼 선택하게 해도 된다.

넓게 펼쳐진 하얀 사막, 그 안 어딘가에 있다고 하는 오아시스. 보지도 못한 오아시스를 어떤 도구나 실마리도 없이 찾아가기란 너무나 어렵다. 하지만 〈스토리큐브〉라는 나침반을 쥐어준다면 아이들은 훨씬 쉽게 길을 찾아 글쓰기 오아시스에 도달할 수 있다.

07 국어사전으로 낱말을 알아가요
〈한글의 신〉

국어 시간, 글을 읽는 아이의 목소리가 작아진다.

"이 낱말을 어떻게 읽어야 할지 모르겠어요."

아이가 처음 보는 낱말이 글 속에 나온 것이다. 자주 사용하지 않는 낱말이
나올 때 아이들의 목소리는 흐려진다.

"'풍랑'이 무슨 뜻이에요? 어디에서 들어는 봤는데 잘 모르겠어요."

아이들은 때때로 처음 보거나 자주 사용하지 않는 어려운 낱말을 만난다.
이때 국어사전을 활용하여 낱말의 발음과 뜻을 정확하게 알게 되면 그 낱말
은 쉬운 낱말이 될 수 있다. 그렇지만 아이들이 모르는 낱말을 국어사전에서
찾아보는 일은 흔한 일이 아니다.

"국어사전에서 낱말을 어떻게 찾아야 해요?"

국어사전에서 낱말을 쉽게 찾기 위해서는 국어사전 활용방법을 정확하게 알아야 하며, 국어사전을 가까이 두고 자주 사용하는 노력을 들여야 한다. 그렇기 때문에 아이들은 국어사전을 어렵고 멀게 느끼곤 하는데, 모든 아이들이 국어사전을 찾고 싶어 할 때가 있다. 〈한글의 신〉을 할 때이다.

〈한글의 신〉은 한글 초성을 보고 초성에 맞는 단어를 떠올리는 보드게임으로 우리에게 익숙한 훈민정음 게임과 유사한 방법으로 진행된다. 초성카드와 주제카드 각각 1장씩을 동시에 보고, 초성카드의 초성으로 시작하며 주제카드의 주제에 맞는 낱말을 말하면 카드 1장을 획득한다. 게임을 하며 아이들은 수많은 낱말을 생각해야 한다. 그렇지만 초성과 주제가 정해져 있는 상황에서 알맞은 낱말을 바로 떠올리기란 쉽지 않다. 이때 국어사전은 게임의 중요한 힌트가 된다. 국어사전을 활용하여 〈한글의 신〉을 할 때 그 전과는 다른 엄청난 낱말들이 게임에 등장한다. 초성카드 'ㅋ'과 주제카드 '나라 이름'을 보고 아이들은 국어사전에서 '키리바시'라는 나라를 찾아내었고, 초성카드 'ㅇ'과 주제카드 '열매'를 보며 국어사전을 찾아 열매 '아로니아'를 말했다. 아이들이 평소 알지 못했던 낱말들이 국어사전을 통해 아이들의 입으로 나오고 있었다.

국어사전과 함께 〈한글의 신〉을 하던 아이들은 국어사전을 활용하며 어려웠던 부분을 스스로 해결하기도 했다. 국어사전으로 계속해서 낱말을 찾으며 낱말을 싣는 순, 즉 자음과 모음의 순서(ㄱ~ㅎ, ㅏ~ㅣ)를 아이들의 방식으로 습득하였다. 모음의 순서를 어려워하는 친구에게 "'ㅣ'를 붙이면 돼."라고 가획의 원리를 쉽게 설명하였고, 쌍자음으로 시작하는 낱말의 위치를 헷갈려하는 친구에게 "ㄲ은 ㄱ이 2개니까 ㄱ 바로 뒤에 오는 거야" 하며 쌍자음 순서를 설명하기도 하였다.

보드게임 〈한글의 신〉과 국어사전에는 공통점이 있다. 낱말의 자음과 모음에 집중하게 된다는 점이다. 〈한글의 신〉은 주제에 따라 주어진 자음 또는 모음으로 시작하는 낱말을 먼저 말해야 한다. 게임의 초성카드에는 쌍자음, 이중모음까지 포함하여 한글의 모든 자음과 모음이 나온다. 그래서 'ㅖ', 'ㅒ' 등 이중모음 카드가 나왔을 때 아이들은 당황한 표정을 지으며 이렇게 이야기했다.

"선생님, 이게 뭐예요?"

평소에 말을 할 때에는 모든 자음과 모음을 사용하지만, 하나의 자음, 모음만을 떼어서볼 때 이를 낯설게 느끼는 것이다. 〈한글의 신〉을 통해 아이들은 익숙하지 않았던 자음과 모음 하나하나에 집중한다.

국어사전은 자음과 모음의 차례에 따라 낱말을 담았기 때문에 낱말을 구성하는 자음과 모음을 파악해야만 그 낱말을 찾을 수 있다. 아이들은 국어사전을 활용한 〈한글의 신〉을 하며 낱말의 자음과 모음을 분석하고, 그 뜻을 국어사전에서 찾으며 새로운 낱말을 깊이 있게 알아간다.

국어사전을 활용하여 진행하기

1. 자음카드와 모음카드 중 한 가지를 선택하여 게임에 활용한다. 카드 한 면에는 자음 또는 모음이 있고, 다른 면에는 주제가 있다.

2. 모든 카드가 주제 면이 위를 향하도록 하여 섞고 1개의 더미로 만든다. 카드 더미 위에서 한 장을 뒤집고, 더미 옆에 놓는다.

3. 뒤집어 놓은 카드의 자음 또는 모음으로 시작하고, 카드 더미 위 주제에 맞는 낱말을 말한다. (예: 나라 이름 + 'ㄱ' = 가나)

4. 알맞은 낱말을 말한 사람이 점수를 얻는데, 국어사전을 활용하여 알맞은 낱말을 말할 경우 추가 점수를 얻는다.

5. 가장 많은 점수를 얻은 사람이 승리한다.

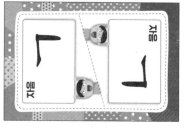

국어사전으로 낱말을 찾을 때 아이들은 놀라고 신기해한다. 세상에 이렇게나 많은 낱말이 있고, 아이들이 이전에는 알지 못했던 낱말들이 쏟아지기 때문이다. 국어사전을 활용한 보드게임 〈한글의 신〉을 통해 아이들은 국어사전과 친해져 그 속에 있는 무수한 낱말을 알아간다.

08 영어 의사소통 능력
〈바나나그램스〉

첫 발령을 받았을 때, 그 학교에 모든 선생님이 걱정하는 학생이 있었다. 검은 옷만 입고 머리는 눈을 다 가리게 길게 하고 다니며, 반 친구들과 교사에게 거리를 두고 이야기를 하지 않았다. 부모님이 일찍 이혼하셔서 엄마의 보살핌이 부족해 위축되어 있었다. 폭력성도 있어 친구들에게 가위나 커터칼로 위협을 가하거나 욕설을 내뱉기도 했다. 이 학생이 유일하게 두 눈을 반짝일 때는 영어 시간 뿐이었다. 영어 단어 시험을 보고 싶다고 하고, 영어책을 학급 문고로 신청해 읽기도 했다.

"선생님, 저 방과후 활동 안 가고 교실에서 영어 시험 보면 안 돼요?"

민정이가 이렇게 묻는 순간, 이 아이와 소통할 수 있는 기회가 왔다고 생각했다.

"시험 말고, 수업 끝나고 교실에 남아서 선생님이랑 영어 보드게임 할래?"

"영어랑 관련된 거면 다 좋아요!"

이때부터 민정이와 방과 후에 남아 영어 보드게임을 하였는데, 이때 활용한 게임이 〈바나나그램스〉이다. 여기에는 바나나 모양의 통 안에 여러 가지 알파벳이 쓰여 있는 큐브들이 들어있다. 이 게임은 하나의 방법만 있지 않고, 여러 가지로 활용할 수 있다. 그 중 몇 가지 방법을 소개하고자 한다.

게임 방법

 방법1

1. 2~6명이 칩을 나누어 가진다. 사람 수에 따라 칩의 개수는 바뀐다.

2. '렛츠고' 소리에 맞춰 자신이 가지고 있는 칩을 활용해 알파벳을 만든다. 수평으로 또는 수직으로 만들 수 있다.

3. 만약 더 이상 만들 수 있는 단어가 없으면 '땡큐'라고 외치며 알파벳 큐브를 뱅크에서 1개 가지고 온다. 이때 다른 참가자들도 1개씩 가지고 온다.

4. 자신의 큐브를 바꾸고 싶으면 '체인지'라고 외치며 자신의 큐브 1개를 뱅크에서 3개와 바꾼다.

5. 참가자 수만큼 뱅크에 큐브가 남았을 때 알파벳을 만든 사람이 승리한다.

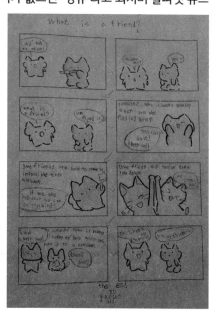

방법2

1. '가위바위보'를 해 이기면 3개, 지면 1개를 가지고 간다.
2. 제한 시간 안에 영어 단어를 많이 만든 사람이 이긴다.

 방법3

1. 모둠을 나누고 알파벳 큐브를 나누어 준다.
2. 제한 시간 내에 가로와 세로로 알파벳을 가장 많이 만든 모둠이 이긴다.
3. 만약 만든 단어의 수가 같다면 알파벳을 겹쳐서 단어를 가장 많이 만든 모둠이 이긴다.

 이 외에도 다양한 방법으로 〈바나나그램스〉를 즐길 수 있다. 민정이는 이 게임과 함께 그날 영어 시간에 배웠던 단어들을 복습하거나 새로운 단어를 배우면서 서서히 선생님과 친구들에게 마음의 문을 열게 되었다. 집에서 동생이나 아빠 때문에 힘들었던 일 등을 이야기하기도 하고, 친구들과 함께 영어 만화 그리기 대회에 나가기도 하였다. 영어 만화 그리기에 나갈 때도 이 보드게임을 활용해 브레인스토밍을 하였다. 친구들과 함께 어떤 소재로 만화를 그릴지 영어 단어를 큐브로 표현한 것이다. 이때 소재로 사용했던 단어는 'friend'이다.

5학년 때는 친구들에게 욕설을 하고 흉기로 위협하던 민정이가 어느새 친구들을 밝게 대하게 되었다.

민정이는 영어로 6학년이 되고 졸업할 때는 영어책 독서 골든벨 1등을 해 상을 받기도 하면서 자존감이 많이 회복되고 밝아지게 되었다. 졸업하면서 선생님과 함께 했던 영어 보드게임이 위로의 시간이었다며 편지를 써주기도 했다. 민정이가 올바른 방향으로 성장해주어 더 고마움을 느꼈다. 〈바나나그램스〉라는 보드게임은 겉보기에는 단순해 보이지만 여러 가지 방법으로 활용할 수 있다. 자신이 아는 단어와 친구가 아는 단어를 섞어서 배치해야 하기 때문에 영어에 관해 의사소통할 수 있는 보드게임이다. 영어 보드게임은 문턱이 높다 보니 어려워하는 경우가 많은데 〈바나나그램스〉로 쉽게 영어 보드게임을 시작할 수 있다.

09 다양한 변신이 가능한 메모리 게임 〈치킨차차〉

새 학년 아이들과 처음 만나고 한 달 정도 지나면 진단평가와 수행평가 결과, 보호자와의 상담, 아이들과 한 여러 활동 등을 통해 아이들을 어느 정도 파악하게 된다. 연미는 성적이 낮아 기초학력 프로그램 지원대상자였고, 복지사의 도움을 받는 형편이었다. "전 포기했어요. 원래 잘 못 해요."라는 말을 자주 했다.

우선 공부사랑반을 운영하는 첫날, 공부는 사탕과 같이 달콤하다는 인식을 심어주기 위해 손에 꿀을 묻혀 알파벳을 쓴다든지 수학 문제를 풀고 사탕을 먹는다는 식의 유대인 교육을 벤치마킹했다.

방과후 공부사랑반이라는 이름으로 남아서 문제집을 풀어야 한다는 부정적 인식을 심어주기 싫었다. 선생님과 공부하는 것이 즐겁고 재밌다고 느끼게 하고 싶었다. 그래서 메모리 게임인 〈치킨차차〉를 준비했다. 처음 이 게임을 친구의 딸아이(3세)와 했을 때 처참히 패배했지만 정말 재미있었기 때문이다. 선생님을 이기는 경험은 연미에게 자신감을 줄 수 있을 것 같았다.

"자, 우리 오늘 첫날인데 보드게임 할까?"

"정말요? 공부사랑반 시간이 아니었어요? 문제집 안 풀어도 되는 거예요?"

"응. 공부 사랑반 시간은 맞는데 오늘은 첫 시간이니까!"

"아싸~아!"

-게임중-

"아… 계란 후라이 그림 봤는데… 어디 있었더라…."

"휴우… 치킨꼬리를 선생님한테 배앗기는 줄 알았네요."

"하하하... 제가 선생님 꼬리를 배앗았어요! 제가 이겼어요!"

이 게임을 매개로 연미와 둘만의 시간을 보내며 연미의 다양한 모습을 볼 수 있다. 무엇보다 공부 못하는 아이로 스스로를 낙인 찍었던 연미가 생각을 바꾸길 바랐다.

게임 방법

〈치킨차차〉 진행하기

1. 타원모양카드 24장, 육각모양카드 12장, 치킨모양의 말 4개, 꽁지 4개 구성품을 확인한다.
2. 타원모양카드를 그림이 보이게 원모양으로 깔아둔다.
3. 가운데 빈공간에는 육각모양카드를 뒤짚어 놓는다.
4. 치킨 모양 말에 꽁지를 하나씩 끼우고 일정한 거리만큼 떨어지게 타원모양카드 위에 놓는다.

5. 자신의 차례에 말 앞에 있는 타원모양카드 그림과 똑같은 육각모양카드를 뒤집으면 앞으로 전진한다. (틀릴 때까지 도전할 수 있다.)

6. 자신의 말 앞에 다른 말이 있을 경우 다른 말 앞에 있는 타원모양카드 그림과 똑같은 육각모양카드를 뒤집으면 다른 말을 뛰어 넘어가면서 다른 말의 꽁지를 자신의 말 꽁지에 꽂는다.

7. 다른 말의 꽁지를 모두 빼앗는 사람이 승리하고 게임이 끝난다.

출처 : 코리아보드게임즈

이 보드게임은 기억력을 확인하는 요소에 꽁지 뺏기 시합이라는 요소를 결합해 아이들에게 짜릿함을 주어 게임에 몰입하게 한다. 친구가 나를 앞지르더라도 꽁지를 빼앗길 뿐이지 게임에서 제외되지는 않아서 마지막까지 모두가 참여할 수 있다는 장점이 있다. 이 게임의 시스템을 이용해 교과 활동이나 창의적 체험활동 시간에 활용하면 좋다.

어느 교과보다 반복 학습이 필요한 과목은 영어일 것이다. 그래서 영어 시간에는 재미있는 반복을 위해 매 차시마다 게임 활동을 준비한다. 〈치킨차차〉 시스템을 활용해 단어를 익히거나 묻고 답하는 활동을 게임으로 쉽게 만들 수 있다. 타원모양 카드와 육각모양 카드를 만들기 어려우니 시중에서 파는 빈 카드의 색을 달리하여 게임을 만들면 수월할 것이다. 'Where are you from?'이라는 주제로 게임을 다음과 같이 만들 수 있다.

게임 방법

 1단계: 단어 익히기

1. 육각모양 카드에 해당하는 빈 카드에 여러 나라의 국기 12개를 붙이거나 우리말로 나라의 이름을 쓴다.
2. 타원모양 카드에 해당하는 빈 카드에 위 1번의 12개 국가 이름을 영문으로 2장씩 써서 24장의 카드를 만든다.
3. 치킨차차에 있던 말을 주어 게임을 진행한다.
   (말이 없으면 지우개와 지우개 위에 꼬리를 대신할 수 있는 물건을 올려 놓을 수 있다.)

 2단계: 묻고 답하기

1. 모둠원이 "Where are you from?"이라고 질문한다.
2. 엎어둔 파란색 카드에 나온 단어를 넣어 "I'm from _____."라고 말한다.
3. 자신의 말 앞에 있는 나라와 일치하면 1칸 전진한다.
4. 꼬리를 모두 획득한 사람이 승리하고 게임은 끝난다.

평소 수업시간에 소극적이었던 연미가 방과후 공부사랑반 시간에 자신이 선생님보다 잘했던 게임을 수업 시간에 만나니 참여도가 높아졌다. 물론 아이들이 게임을 하면서 자연스럽게 낱말에 집중하며 노출되는 시간이 많아지니 학습효과도 높아졌다. 내가 아닌 다른 사람 차례에도 카드의 위치를 확인하느라 집중해야 하기 때문에 자연스럽게 영어 단어에 노출되는 시간이 많아지고 매 차례 주요 표현을 묻고 답하는 반복을 게임 진행을 위해 해야 하기 때문이다.

연미와 같이 자기효능감이 낮고 학업성취도 결과도 낮은 아이들을 해마다 만난다. 하지만 연미처럼 작은 성공 경험이 쌓이다 보면 자신에 대한 생각이 긍정적으로 바뀌리라 믿는다. 이처럼 하루 6시간씩 많은 시간을 매일 학교에서 보내는 우리 아이들에게 작은 성취감을 맛볼 수 있는 장을 마련하는 것이 교사로서 내가 할 일이 아닌가 싶다.

작가 조승연이 어느 강의에서 "공부는 문화인이 되는 것"이라고 한 말에 무척 공감했던 기억이 있다. 'culture'에는 '밭을 갈다'라는 의미가 있다고 한다. 우리 모두에게 주어진 씨앗을 어떤 밭에 심느냐에 따라 꽃을 피우고 실한 열매를 맺거나 싹조차 틔우지 못할 수도 있을 것이다. 내가 만나는 아이들이 스스로 '밭을 한번 갈아봐?'하는 마음이 들길 바란다.

활동팁

김상균 외 5인, 〈교실 게이미피케이션_가르치지 말고 플레이하라〉, 테크빌교육, 2020

위 책 Part 2, '4. 우리 교실이 달라졌어요: 학급운영 게이미피케이션'을 참고하면 창의적 체험활동 시간에 보드게임 〈치킨차차〉를 적용한 사례를 확인할 수 있다.

memo

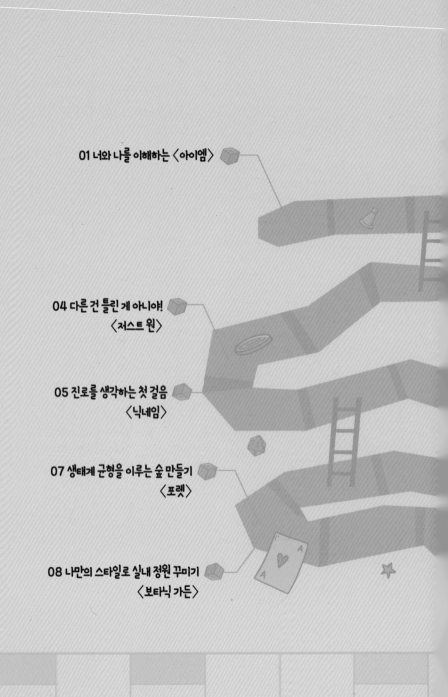

PART 05

더불어
살아가는 능력

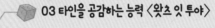
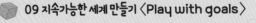

01 너와 나를 이해하는
〈아이엠〉

가끔 친한 선생님들과 우스갯소리로 주고받는 말이 있다. '어차피 친해질 아이들은 친해지고, 안 친해질 아이들은 안 친해진다.' 교사가 아무리 아이들 교우 관계를 조정해보려고 노력해도 소용없을 때 나오는 말이다.

교실 안에서 아이들이 교우 관계로 갈등을 겪으면 교사도 학급 운영에 어려움을 겪는다. 그럴 때마다 교우 관계가 원만하게 유지되도록 교사 나름의 도움을 주곤 한다. 외로워하는 아이가 있으면 새 친구를 만들어주고, 너무 친해서 교실 분위기를 흐리는 아이들이 있으면 거리를 두게 하는 식으로 말이다.

교사의 이런 노력이 성공하는 경우는 드물다. 앞서 말한 우스갯소리처럼 친한 아이들은 무슨 일이 있어도 계속 친하고, 친하지 않은 아이들은 무슨 일이 있어도 잘 친해지지 못한다. 그렇다고 교사 입장에선 손 놓고 볼 수만도 없는 노릇이다. 반 친구들 모두와 단짝 친구는 되지 못하더라도 서로 오해하지 않을 정도의 친밀한 관계를 유지하는 것은 필요하다. 반 아이들에게 그런 관계를 만들어주고 싶어서 준비한 보드게임이 〈아이엠〉이었다.

"이제 점심시간이죠? 다들 손 씻고 줄 서세요. 그리고 모둠장들, 점심 먹고 연구실로 모이세요."

새로 맡게 된 우리 반은 스물다섯 명으로 인원이 적은 편은 아니었다. 아이들은 학년 첫날부터 수많은 친구들 중에서도 이미 알고 있던 친구들, 친한 친구들을 쏙쏙 골라내 그 위주로 모여 놀았다. 마음속에 이미 '쟤랑은 안 친해'라고 생각한 친구들과는 물과 기름처럼 어색함이 맴돌았다.

자연스럽게 친해질 수 있는 자리가 필요하다고 생각해 모둠 활동 위주로 수업을 진행했다. 그러나 자연스럽게 친해지리라는 내 기대가 무색하게 이미 어색한 사이끼리는 형식적인 대화만 오갈 뿐이었다. 고학년이다 보니 몇 년간 서로에게 쌓인 편견이 한몫하는 것 같았다.

결국 반드시 대화를 해야 하는 규칙이나 분위기가 필요했다. 수많은 아이스 브레이킹 게임 중 〈아이엠〉을 고른 건 그 이유에서였다. 카드에 적힌 숫자 이내의 사람에게 질문해야 하기 때문에 다양한 사람과 대화할 수 있고, 키워드에 맞춰 아무 질문이나 해야 하므로 어색한 사이여도 가볍게 질문할 수 있다. 무작정 대화 게임을 하라고 하면 낯설어할 것 같아 점심시간에 미리 모둠장들을 불렀다. 모둠장들에게 게임 방법이나 팁을 자세히 설명해주고 게임을 이끌어 나갈 역할을 맡길 생각이었다.

"얘들아, 같은 모둠 친구끼리 친해지는 시간 가지려고 선생님이 가져온 보드게임이야. 너희가 모둠장이니까 게임에 잘 참여 못하는 친구나 어색해하는 친구가 있으면 도와줬으면 해서 불렀어."

 〈아이엠〉 진행하기

1. 인원수에 맞게 카드를 나눠 가진다.
2. 남은 카드 더미는 중앙에 두고 맨 위의 카드 한 장을 뒤집어놓는다.
3. 자신이 가진 카드 중 펼쳐진 카드의 숫자나 색이 같은 카드를 한 장 내려놓을 수 있다.
4. 내려놓으면서 진행 방향으로 카드 숫자 이내로 떨어진 사람 중 한 명에게 질문한다.
5. 자신이 내려놓은 카드의 키워드가 포함되거나 관련된 질문은 무엇이든 할 수 있다.
6. 카드를 내려놓을 수 없다면 카드 더미에서 한 장을 가져온다.
7. 질문을 받았을 때, 혹은 받을 때 상황에 알맞은 특수 카드를 사용할 수 있다.

8. 손에 있는 모든 카드를 제일 먼저 버린 사람이 승리한다.

▲ 카드 사진

▲ 게임 중 사진

단순히 질문하고 대답할 뿐인 간단한 게임인데도 모둠장들은 몹시 흥미로워했다. 특히 키워드만 맞으면 아무 질문이나 해도 된다는 점이나, 다양한 기능을 가진 특수 카드가 있다는 점을 좋아했다. 사실 모둠장들끼리도 그다지 친한 사이는 아니었다. 그러나 질문을 주고받으며 대화하는 것만으로도 어느새 모둠장들의 얼굴에도 웃음이 번지기 시작했다. 다 함께 웃으며 게임이 끝나자 "이 게임 너무 재밌다. 모둠장 하길 잘했다!"라고 말하는 아이도 있었다.

점심시간이 끝나고 오후 수업 시간에 〈아이엠〉을 꺼냈다. 전체적으로 게임 방법을 설명하고 모둠장들에게 모둠원들을 도와주라고 지도했다. 그리고 나는 교실을 돌아다니며 어떤 질문을 주고받는지 살펴봤다.

"제주도 가봤어?"

"이루고 싶은 소원 세 가지 말하기!"

"넌 사춘기 온 것 같아?"

사실 아이들의 질문은 그렇게 기발하거나 거창한 것들은 아니었다. 하지만 오히려 서로 잘 알지 못하는 사이라서일까, 아이들은 아무리 흔한 질문이나 대답이어도 신기하고 새롭게 느꼈다. 어색함이 신기함으로, 불편함이 새로움으로 바뀌는 순간이었다. 새 친구들에게 경계심을 푼 아이들은 점점 대화하는 것을 편안하게 느끼기 시작했다. 바뀐 분위기는 게임이 끝나고 다른 활동을 할 때도 그대로 이어졌다.

자신과 친한 친구와 놀고 싶은 건 자연스러운 행동이다. 비단 아이들뿐만

이 아니라 어른들도 그럴 것이다. 하지만 작은 교실 안에서 친하지 않은 친구들과는 교류 없이 지내다 보니 오해가 일어나기도 하고, 편견을 갖게 되기도 한다. 그렇게 되기 전에 아이엠 보드게임으로 자연스러운 대화를 이끌어보는 것은 어떨까? 어쩌면 어색한 친구와 친해지는 첫 번째 계기가 될지도 모른다.

02 너의 생각이 궁금해 〈딕싯〉

우리는 매일 다양한 생각을 한다. 생각은 곧 관심사가 되고 성격이 된다. 그래서 어떤 사람을 이해하기 위해서 그 사람이 어떤 생각을 하는지 짐작해 본다. 하지만 모순적이게도 가장 가까이에 있고 자주 만나는 관계에도 서로 어떤 생각을 하는지 깊게 고민하지 않는 경우도 있다. 아이들도 마찬가지이다. 학교에서 매일 만나는 친구들과 재미있게 놀면서도 친구들이 어떤 생각을 하는지 잘 알지 못한다.

'친구가 왜 그렇게 행동했을까?', '친구가 어떤 생각을 하고 있을까?'와 같은 질문을 받으면 오랫동안 고민하거나 끝내 답하지 못하는 아이들도 있다. 이때 아이들에게 재미있는 활동을 통해 자연스럽게 친구들의 생각을 궁금해 하는 계기를 마련해주면 어떨까? 서로의 생각을 알아야만 할 수 있는 보드게임 〈딕싯〉이 좋은 계기가 될 것이다.

보드게임 〈딕싯〉은 그림카드를 활용한 퀴즈게임이다. 이야기꾼(현재 차례의 플레이어)은 가지고 있는 카드 중 한 장을 선택하여 카드를 보고 떠오른 생각을 다른 플레이어에게 말한다. 단어, 문장, 노래 등 카드를 보고 생각난 것을 자유롭게 표현한 뒤 설명한 카드를 보이지 않게 뒤집어 낸다. 이것을 들은 다른 플레이어들은 자신이 가진 카드 중 이와 가장 비슷한 느낌의 카드 1장을 골라 보이지 않게 뒤집어 낸다. 모든 플레이어가 낸 카드를 섞은 뒤 그림이 보이게 놓는다. 다른 플레이어들은 주어진 여러 장의 카드 중 어떤 카드가 이야기꾼이 낸 카드인지 맞힌다.

이 게임의 핵심은 이야기꾼의 생각을 맞히는 것이다. 만약 이야기꾼이 카드를 내며 '사랑'이라고 이야기했다면, 어떤 카드가 이야기꾼이 생각하는 사랑을 나타낸 카드인지 찾아내야 한다. 아이들과 〈딕싯〉을 하면 모든 아이들의 눈은 이야기꾼을 향한다. 이야기꾼의 말이나 노래를 듣고 이야기꾼이 어떤 생각을 했을지 추측한다. 친구의 생각에 집중하는 것이다.

아이들은 이야기꾼이 평소 했던 말과 행동을 떠올려 생각을 읽으려고 했다.

"이야기꾼은 슬픈 일이 있을 때 많이 울곤 했잖아. 눈물 흘리는 삐에로 그림카드가 이야기꾼이 생각한 '슬픔'일 거야."

"이야기꾼은 체험학습으로 놀이공원에 가자고 자주 말했었잖아. 놀이공원에 있는 회전목마 그림카드가 이야기꾼이 생각한 '신난다'일 거야."

또 아이들은 이야기꾼이 좋아하는 것, 관심 있어 하는 것이 무엇이었는지 생각해냈다.

"이야기꾼은 급식을 먹고 검사를 받으면서 급식 스티커를 열심히 모으려고 하잖아. 음식이 엄청 많이 남아있는 그림이 이야기꾼이 생각한 '0개'일 거야."

"이야기꾼은 할머니 댁에서 키우는 달걀과 닭을 보려 매주 할머니 댁에 간다고 했었어. 달걀처럼 생긴 집 그림카드가 이야기꾼이 생각한 '깨어나라'일 거야."

아이들은 〈딕싯〉을 하면서 친구를 자연스럽게 살피고 궁금해했다. 평소 친구의 성격, 관심사를 고민하기도 했다. 서로의 생각을 맞히며 아이들은 더 가까워져 갔다.

아이들은 〈딕싯〉에 필요한 그림카드를 직접 만들기도 하였다. 자신의 생각을 표현하기 좋은 주제를 모둠별로 정한 뒤, 주제를 듣고 떠오르는 생각을 인물과 배경이 들어간 그림카드로 만들었다.

아이들의 그림카드에는 같은 주제에도 다양한 그림이 등장했다. '편안함'을 주제로 하였을 때, 이불 속에서 귤을 먹는 그림부터 엄마 뱃속의 아기 그림까지 주제에 대한 아이들 저마다의 생각이 그림카드에 나타났다.

▲ 아이들이 그린 그림카드

아이들이 직접 그린 그림카드를 활용하여 게임을 할 때 새로운 게임 규칙을 추가하였다. 자신이 그린 그림 카드를 어떤 생각으로 그렸는지 이야기하는 것이다. 하나의 카드를 보며 그림을 그린 아이의 생각과 게임을 하는 아이들의 생각을 서로 나누었다.

아이들은 각자 다른 생각에 놀라기도 하고, 비슷한 생각을 했을 때 깜짝 놀라며 기뻐하기도 했다. 직접 만든 카드를 활용한 〈딕싯〉으로 아이들은 서로의 생각을 더욱 활발하게 주고받았다.

아이들이 만든 그림카드를 활용하여 진행하기

1. 모든 플레이어가 그림카드 5장씩 나누어 갖는다. 이야기꾼(현재 차례의 플레이어)는 자신이 가지고 있는 그림카드 5장 중 1장을 골라 카드를 보며 떠오른 생각을 다양하게 표현한다. 그런 뒤 설명한 그림카드를 뒤집어 낸다.

2. 이야기꾼의 생각을 들은 다른 플레이어들은 자신이 가진 카드 중 가장 비슷한 느낌의 카드를 뒤집어 낸다.

3. 뒤집어져 있는 모든 카드를 모아 섞은 뒤 앞면으로 뒤집고, 이야기꾼이 고른 카드가 무엇일지 맞춘다.

4. 카드를 맞춘 플레이어가 점수를 얻는다.

5. 카드를 그린 플레이어가 어떤 생각으로 그림을 그렸는지 이야기한다. 카드를 선택한 다른 플레이어들도 어떤 생각으로 카드를 선택했는지 이야기한다.

〈딕싯〉은 주제에 대한 이야기꾼의 생각을 듣고 그림카드를 맞추는 게임이다. 보드게임을 하며 아이들은 친구들이 어떤 생각을 할지 고민하고, 내 생각과 친구의 생각을 나누게 된다. 가까이에 있지만 미처 몰랐던 친구의 생각에 관심을 가지면서 아이들은 서로를 이해하게 된다.

03 타인을 공감하는 능력
〈왓츠 잇 투야〉

"야! 책 그만 보고 빨리 교과서 펴."

아직 쉬는 시간이 1분 정도 남았을 때, 교과서를 펴라고 하기도 전에 아이들이 한 친구를 향해 비난의 목소리를 높였다. 이에 비난받은 학생은 기죽지 않고 투덜댄다.

"니가 뭔데! 아직 선생님이 책 펴라고 안 하셨어!"

그럼 난 중간에서 누구의 편도 들 수 없어 반 아이들 모두를 타이르고는 한다.

"한 사람한테 그렇게 비난하면서 말하면 안 돼요. 현수도 미리미리 교과서 펴놓자."

우리 반 아이 중에 현수는 책 읽기를 좋아하고 매우 똑똑하다. 덕분에 현수는 항상 시험 성적은 반에서 1등이다. 여기까지만 들으면 완벽한 학생이지만, 현수는 다른 사람과 지내고 다른 사람에 대해 알아가는 것에 매우 서툴다. 때문에, 아이들은 항상 현수에게 비난조로 말을 하고 현수는 상처를 받지만 다른 사람의 감정을 어떻게 읽고 대해야 하는지 모르기 때문에 잘못을 계속 반복한다.

"혹시 수업 중간에 계속 네가 하고 싶은 얘기만 하면 친구들이 싫어한다는 생각은 못 해봤어?"

"저는 그냥 제가 알고 있는 것을 친구들에게 나누고 싶어서 그랬어요. 평소에는 제 말을 친구들이 잘 안 들어준단 말이에요."

현수는 마음은 친구들을 위했지만 친구들이 무엇을 좋아하거나 싫어하는지 잘 알지 못했고, 배려하고 화합하는 방법에 대해 잘 몰랐다. 하지만 그렇다고 해서 다른 아이들에게 억지로 친구와 잘 지내야 한다고 강요할 수도 없었다. 현수는 다른 친구들과 일상적인 대화를 하는 것에 서툴러 대화의 끝은 항상 싸움으로 끝났기 때문이다. 이에 생각해 낸 방법이 〈왓츠 잇 투야〉를 활용하는 것이다.

〈왓츠 잇 투야〉는 서로에 대해 알아갈 수 있는 게임이다. 현수는 자신이 말하고 싶은 소재 말고는 대화를 이끌어나갈 것을 떠올리는데 어려워한다. 이 보드게임은 자신에 대해 이야기할 수 있는 소재를 충분히 제공한다.

〈왓츠 잇 투야〉 진행하기

1. 한 면에 하나의 단어가 적혀 있는 카드 더미를 준비한다.

2. 그 중 다섯 장을 무작위로 뽑아 늘어놓는다.

3. 출제자는 토큰을 써서 그 다섯개의 단어에 대한 자신의 우선순위를 매긴다. 이때 다른 사람들에게는 보이지 않도록 토큰을 뒤집어 놓는다.

4. 다른 사람들도 출제자의 우선순위를 추측하여 토큰을 이용하여 비공개로 순위를 매긴다.

5. 그 후 출제자는 정답을 공개하면서 자신의 우선순위를 설명한다.

6. 가장 많이 맞춘 사람이 해당 라운드의 점수를 얻는다.

7. 모두가 돌아가며 출제한 후 가장 많은 점수를 얻은 사람이 승리한다.

출처 : (주)행복한 바오밥

이 보드게임은 승패보다 출제자와 다른 참가자들 모두가 서로를 생각하는 시간을 가져보는 것이 목적이다. 출제자가 어떤 기준으로 단어들에 대한 순위를 매겼을지 깊게 생각해야 순위를 맞힐 수 있다. 이 과정을 통해 자신과 다른 친구에 대해 알아가는 즐거움을 배운다. 현수는 순위를 매길 때 과자보다 책을, 미술보다 과학을 더 높은 순위로 정했다. 이때 친구들은 현수가 왜 그렇게 생각했는지 들으며 더 친구를 이해할 수 있는 시간을 가졌다.

"아, 그래서 네가 미술 시간에 그렇게 힘들어했구나?"

평소 친구들에게 자신의 생각을 설명하기 힘들어했던 현수는 적극적으로 자신이 중요하다고 생각하는 것을 말할 수 있게 되었고 친구들도 평소 들으려고 하지 않았던 현수의 이야기를 경청하며 더 화합할 수 있었다.

나와 다른 타인의 생각을 경청하고 이해하는 것은 매우 어렵다. 특히 자기중심성이 강한 초등학교 때는 더욱 많은 노력을 요한다. 그러나 이러한 과정을 통해 학생들은 더욱더 공감의 폭이 넓어지고 정서적으로 성숙해 나갈 수 있다. 〈왓츠 잇 투야〉는 자신만의 세계를 둘러싸고 있는 벽을 허물 수 있도록 도와준다.

04 다른 건 틀린 게 아니야!
〈저스트 원〉

"너 뭐 좋아해?"

새 학기, 혹은 전학생이 올 때 으레 학생들은 저마다 이 질문으로 말을 트곤 한다. 서로의 관심사를 확인하고 공통분모가 많은 가진 학생끼리 삼삼오오 모여 친하게 지내게 된다. 개성이 강한 학생들이 많을수록 서로 취향이 달라 소위 말하는 '무리'가 형성되고, 다른 무리끼리는 상대적으로 교류가 적어진다. 학급담임이 바라는 이상적인 학급은 모두가 사이좋게 지내는 학급일 것이다. 하지만 좋아하는 것과 싫어하는 것이 다른 학생들 간의 교류가 점점 적어지고, 시간이 지나 '무리화'가 심해지면 서로를 이해하지 못해 이런저런 갈등이 생기기도 한다. 이런 상황에 도움을 줄 수 있는 보드게임이 바로 〈저스트 원〉이다.

술래와 주제어를 정하고, 술래를 제외한 나머지 플레이어들은 주제어를 함께 보고 관련된 힌트를 제시해 술래가 주제어를 맞출 수 있게 돕는 이 게임은 모두가 협력하여 공동의 목표를 위해 노력하는 협동형 보드게임이다. 경쟁형 보드게임은 학생들 간의 수준차가 심할 때는 실력이 좋지 못한 학생이 쉽게 포기하거나 싫증 내는 경우가 많다. 하지만 〈저스트 원〉과 같은 협력형 보드게임은 모두 함께 힘을 합쳐 같은 목표를 달성하기 위해 노력하기 때문에, 쉽게 포기하는 학생이 잘 생기지 않는 것이 장점이다.

이 게임에는 재미를 주는 간단한 메커니즘이 있다. 내 힌트와 다른 사람의 힌트가 겹치면 그 힌트는 버려지는 것이다. 예를 들어, 주제어가 '야구'일 때 A가 '투수'라는 힌트를, B도 '투수'라는 힌트를 제시했다면 겹치는 힌트는 지워지게 되어 술래가 볼 수 없게 된다. 주로 생각이나 관심사가 비슷한 학생끼리 힌트가 겹치는 경우가 잘 발생하기 때문에, 생각이 다른 학생들이 많을수록 술래가 볼 수 있는 힌트는 많아지게 된다. 하나의 주제어를 맞히는 과정이 끝나고 나면 학생들 모두에게 '너는 어떻게 이런 힌트를 생각하게 됐어?'라고 물어보자. 주제어를 보고 힌트를 제시하기까지의 생각 과정을 함께 공유한다면 모두 함께 사고하는 힘도 생기고, 서로 공감하지 못하던 학생들 사이에도 공감대가 생기게 된다.

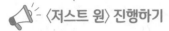 **〈저스트 원〉 진행하기**

1. 주제어가 적힌 주제어 카드들을 모아 더미를 만들어 놓는다.

2. 플레이어들은 각자 보드마카와 지우개, 화이트보드판을 한 개씩 들고 간다.

3. 술래 역할을 먼저 할 사람을 정한다.

4. 술래는 눈을 감고, 나머지 플레이어들은 카드 더미에서 주제어 카드를 함께 본다.

5. 술래는 1~5 숫자 중 한 숫자를 골라서 말한다. 술래가 말한 번호에 적힌 주제어가 이번 라운드의 정답이 된다.

6. 나머지 플레이어들은 각자 서로가 볼 수 없게 주제어와 관련된 힌트를 화이트보드판에 낱말로 적는다. 예를 들어 술래 지원이가 고른 주제어는 '달걀'이다. 달걀이 연상되거나 달걀과 관련된 낱말을 각자 힌트로 적으면 된다. 단, '에그'와 같은 한글을 외국어로 번역한 것, '달로 시작함' 등과 같이 주제어에 포함된 글자를 힌트로 제시하면 안 된다.

7. 모두 힌트를 썼으면 술래를 제외한 나머지 플레이어들끼리 힌트를 공유하고 중복되는 낱말이 있는지 살펴본 뒤, 중복되는 낱말은 모두 지우개로 지운다. 예를 들어 남준이는 '닭', 정국이는 '알', 지민이는 '얼굴형', 태형이는 '닭'으로 힌트를 제시했다. 남준이와 태형이는 '닭'이 겹쳐서 힌트를 지운다.

8. 술래는 눈을 뜨고 지워진 힌트를 제외한 나머지 힌트들을 살펴보고 주제어를 유추한다. 주제어를 정확하게 맞추면 모두가 함께 점수를 획득한다.

9. 맞춘 주제어 카드, 틀린 주제어 카드를 분리해서 각각 모아둔다.

10. 다른 사람이 술래가 되어 4번부터 다시 반복한다.

11. 제한 시간, 또는 미리 정해둔 카드의 개수만큼 반복하고 게임을 끝낸다. 맞춘 주제어 카드 장수가 팀 점수가 된다. 새로 게임을 할 때는 기존 팀 점수를 넘는 점수 도전으로 목표를 설정하고 진행하면 더욱 재미있다.

주제어로 '유리'가 제시된 상황이 있었다. 대부분의 아이들이 '투명', '깨짐' 등 유리라는 재료의 특징을 힌트로 제시해 많이 겹치는 상황이 발생했다. 그런데 한 아이는 '짱구 친구'를 제시했고, 또 다른 아이는 '쨍그랑'을 힌트로 제시하였다. 술래는 이 두 가지 힌트만 보고 제시어를 완벽하게 맞힐 수 있었다. 서로 생각이 다른 상황이 문제를 해결하는 데 결정적인 도움이 된 셈이다.

〈저스트 원〉은 기본적으로 남과 '다른' 생각이 핵심이 되는 게임이다. 서로의 개성 있는 힌트로 정답에 한걸음 더 다가갈 수 있다는 점이 특이한 점이다. '다르다'는 것은 소중하고 아름다운 것이다. 게임은 보통 이기는 것을 목표로 하지만 이 게임을 해보면 그런 게 사라진다. 정답을 '틀리면' 또 어떤가? 일단 나와 생각이 다른 친구가 쓴 힌트를 보면 웃음부터 나온다. 서먹함은 어느 순간 사라지고, 함께 하는 즐거움이 교실을 가득 채운다.

서로가 다름을 인정하고 서로의 내면을 조금 더 들여다볼 수 있게 해주는 이 따뜻한 게임을 하는 동안 아이들은 정답을 맞히기 위해 최대한 술래를 '배려'해준다는 것을 목격할 수 있다. 아이들이 다른 친구가 쓰지 않으면서도 술래가 맞출 수 있는 단어가 무엇인지 턱을 괴고 고민하는 모습은 다시 떠올려도 참 아름답다.

학생들이 스스로 긍정적인 가치를 배우고 서로 간의 라포Rapport 형성을 해주고 싶다면 〈저스트 원〉을 도입해보자. 규칙도 간단하고 분명 학생들의 관계 형성에도 도움을 줄 것이다.

05 진로를 생각하는 첫 걸음
〈닉네임〉

"여러분이 하고 싶은 직업은 무엇인가요?"

진로 수업은 으레 이런 말로 시작하고는 한다. 대부분의 아이들은 이 말을 자주 들어봤기 때문에 쉽게 대답이 나온다. 운동선수, 웹툰 작가, 요리사 등 자신이 좋아하는 일을 할 수 있는 직업을 말한다. 아이들의 자신 있는 대답을 듣고 다시 물었다.

"운동선수가 되려면 무슨 공부를 해야 할까요?"

"웹툰 작가가 되려면 어떤 준비가 필요할까요?"

"요리사라는 직업을 갖기 위해 노력할 때 어떤 어려움이 있을까요?"

질문을 조금만 바꿨을 뿐인데, 아이들은 대답하지 못하고 머뭇거린다. 진로(進路)란 '앞으로 나아갈 길'이라는 뜻이다. 아이들은 어떤 직업을 갖고 싶다는 막연한 바람은 있지만 그 직업을 위해 어떤 길을 걸어가야 할지 잘 알지 못한다. 자격증이나 대학 학위 등 어려운 말이 나오면 금방 움츠러들기도 한다. 교사 역시 많으면 스무 명이 넘는 아이들의 진로를 자세히 설명해 주는 건 힘든 일이다. 그렇다면 아이들도, 선생님에게도 부담이 가지 않게 진로 활동을 시작해보면 어떨까? 내가 하고 싶은 직업이 어떤 이름을 갖고 있는지, 어떤 물건들을 주로 사용하는지 알아보면서 말이다.

〈닉네임〉은 간단한 카드 게임으로, 상대방을 이름과 호칭(닉네임)으로 부르며 필요한 소지품을 모아 나가야 한다. 친구들을 여러 호칭으로 부르며 다양한 직업에 대해 알 수 있으며 각 직업에 필요한 물건이나 도구 등에 대해 배울 수도 있다.

게임 방법

 〈닉네임〉 진행하기

1. 닉네임 카드 8종류를 골라 모든 사람이 볼 수 있게 중앙에 둔다.
2. 닉네임 카드에 나와 있는 소지품 카드들을 찾아 섞은 뒤 모든 사람이 최대한 비슷한 장수로 나눠 가진다. 똑같은 장수로 나눠 갖지 않아도 된다.
3. 자신의 차례가 된다면 반드시 다른 사람에게 자신이 없는 소지품 카드를 요청한다.
   - 다른 사람을 부를 때는 자신이 원하는 소지품을 가진 직업대로 불러야 한다. 예를 들어 '작가'의 '원고지'를 원할 경우, 다른 사람에게 "○○ 작가님, 원고지 좀 주세요."라고 요청해야 한다.
4. 요청받은 사람은 그 카드가 있다면 줘야 하며, 없다면 주지 않고 다음 사람의 차례로 넘어간다.
5. 같은 닉네임 그룹의 소지품 카드 4장을 모두 모았다면 즉시 닉네임 그룹의 완성을 선언하고 닉네임 카드를 자기 앞으로 가져와 소지품 카드들과 함께 모아 놓는다.
6. 모든 닉네임 카드가 소지품 카드와 모이면 게임이 끝난다. 가장 많은 닉네임 그룹을 완성한 사람이 승리한다.

닉네임 카드를 보면 직업 일러스트 아래 그 직업이 주로 쓰는 소지품 4가지가 그려져 있다. 작가라면 원고지, 만년필, 책갈피, 책이, 운동선수라면 축구공, 음료수, 축구화, 완장이 그려져 있는 식이다.

게임을 시작하기 전 모둠원과 상의하여 닉네임 카드들을 고르라고 한다. 그리고 함께 소지품들을 보며 모르는 소지품이 있는지, 어떤 용도로 쓰이나 아는지 물어본다. 닉네임 카드를 고르는 단계에서 아이들은 보통 자신이 좋아하는 직업이나 흥미 있는 직업을 고르기 마련이다. 그 아래에 있는 소지품들도 아이들이 이미 잘 알고 있는 것들일 확률이 높다. 그것들에 대해 물어보면 아이들은 교사보다 더 적극적으로 이 소지품들은 무엇이고 어떨 때 쓰이는지 설명한다. 자신이 모르는 낯선 직업이라도 모둠원들끼리 소지품에 대해 설명해주다 보면 이 직업이 어떤 직업인지 자연스럽게 알게 된다.

▲ 직업 카드들

▲ 〈닉네임〉 플레이 사진

게임 방법 설명이 끝나면 게임을 시작하는데 이때 중요한 점이 있다. 카드를 주고받기 위해 다른 사람을 부를 때는 반드시 '○○(직업 이름)님'이라고 불러야 한다. 작가님, 셰프님, 대장님… 어떤 직업이든 예외는 없다. 카드를 주고받을 때뿐만 아니라 모든 게임 중 대화를 존댓말을 쓰게 해도 좋다. 기업의 CEO는 회장님으로 부르고 유튜버는 스트리머님이라고 부르며 어떤 직업이든 똑같이 존중하는 자세를 기를 수 있다.

마지막으로 게임이 끝나고 아이들에게 들려주면 좋은 이야기가 있다.

"얘들아, 이 보드게임을 혹시 누가 만들었는지 아니?"

이런 질문을 던지면 아이들은 보드게임 전문 개발자나 보드게임 지도사 등의 직업을 떠올린다.

"이 게임은 사실 어른이 아니라 중학생이 만든 거야. 일본의 나나나 쿠도 Nanana Kudo라는 학생인데, 새로 사귄 친구들과 친해지기 위해 이 게임을 만들었대. 친구와 이름을 부르면서 자연스럽게 친해지고 싶은 마음을 담은 거지. 물론 제작 과정에서 어른들의 도움을 받긴 했지만 꿈을 이루겠다는 굳은 마음으로 초등학교 때 갖고 있던 꿈을 중학교 때 이룬 거야."

여기까지 들려주면 아이들은 깜짝 놀라곤 한다. 어른들은 물론이고 아이들 스스로도 어린이일 때는 미래의 꿈을 위해 할 수 있는 일이 없다고 생각한다. 직업을 갖는 건 어른들의 역할이니 지금은 어른이 될 때를 대비해 공부해야 한다고 말이다. 하지만 쿠도의 사례에서 볼 수 있듯이 어린이일 때도 할수 있는 일이 있다.

자신의 직업에 대한 확실한 목표 의식이 있다면 나이와 상관없이 꿈을 이루는 것도 가능하다. 그런 의미에서 꿈을 이루고 싶은 어린이들에게〈닉네임〉은 훌륭한 길잡이가 될 수 있다. 게임이 끝난 후 아이들과 〈닉네임〉에 있는 것처럼 자신의 직업 카드와 소지품 카드를 만들어보자. 직업 카드에 어떤 직업을 넣을지, 어떤 호칭을 쓸지, 소지품 카드들에는 어떤 물건들을 넣을지 진지하게 고민해보는 것이다. 막연하게 갖고 있던 자신의 직업에 대해 구체적으로 고민하며 아이들은 새로운 꿈을 키워나갈 수 있다.

06 미션! 물 발자국 줄이기
〈워터랜드〉

우리는 물 부족 지구에 살고 있다. 우리나라 곳곳에서도 물이 부족한 상황을 찾아볼 수 있다. 강원도 속초는 1995년 이후 6차례의 제한급수가 이루어질 만큼 물 부족이 심한 도시이다. 한 방울의 물까지 아끼기 위해 주기적으로 속초의 하천에 비닐을 까는 작업을 진행한다. 그뿐만이 아니다. 전라남도 완도에서는 2022년 11월부터 2023년 3월에 이르기까지 '2일 급수, 4일 단수'를 하고 있다. 5개월이 넘는 기간 동안 완도 사람들은 설거지와 빨래는 급수 기간에만 하고, 화장실도 두세 번 사용한 뒤에 물을 내리는 불편한 일상을 지속하고 있다. 식당, 세탁소, 목욕탕 등 물이 필요한 가게를 운영하는 주민들은 생계를 포기하는 상황까지 이르렀다. 사람이 살아가기 위해 기본적으로 필요한 물이 점점 사라지고 있는 것이다.

우리가 물을 마시고, 물을 사용해 씻고, 물을 사용하여 살아간다. 우리의 삶에 물이 필요하지 않은 곳이 없다. 따라서 우리에게 반드시 필요한 물을 절약하는 방법에 대해 고민해 보아야 한다.

학교에서도 물의 중요성을 이야기하며 아이들과 함께 물을 절약하는 방법에 대해 고민해 보았다. 아이들은 양치질할 때 수도꼭지를 잠그는 것, 샤워하는 시간을 줄이는 것과 같이 우리가 직접적으로 사용하는 물을 줄이는 방법을 이야기했다. 다양한 방법 중 학교에서 양치질할 때 수도꼭지를 잠그고 컵을 사용하기로 규칙을 정하고 아이들과 직접 실천해 보았다. 아이들은 규칙을 정한 초반에는 잘 실천하였지만, 시간이 지날수록 규칙을 지키는 아이들의 수가 줄어들었다. 물을 줄이려는 노력이 필요하다는 것을 알지만, 양치질할 때 불편함이 생겨 계속하기 힘들다는 것이 아이들의 입장이었다. 아이들에게 새로운 물 절약 방법이 필요한 때였다.

우리가 사용하는 '물의 범위'를 넓게 본다면 새로운 물 절약 방법을 발견할 수 있다. 우리가 마시고 씻으며 생활에서 직접적으로 사용하는 물에서 나아가 간접적으로 사용하는 물의 개념을 이해한다면 말이다. 우리가 사용하는 물건을 만들고 운반하는 과정에서 사용되는 물이 바로 우리가 간접적으로 사용하는 물이다. 파스타 한 접시에 들어있는 물을 살펴보면 요리에 필요한 물(직접적인 물)과 더불어 밀 재배, 재료 운반에 사용되는 물처럼 우리 눈에는 보이지 않는 물(간접적인 물)이 있다. 제품과 서비스를 이용하면서 간접적으로 사용하는 물이 있는 것이다.

'물발자국'은 우리가 사용하는 물건과 서비스의 모든 과정에서 사용되는 물의 총량, 즉 직접적인 물과 간접적인 물의 총량을 나타내는 지표이다. 파스타 한 접시의 물발자국은 200L이다. 파스타의 재료가 만들어지고 운반되어 요리되는 과정에서 총 200L의 물이 사용되는 것이다.

물발자국의 개념을 알고 물발자국이 적은 물건과 서비스를 소비하는 것이 아이들에게 필요한 새로운 물 절약 방법이라고 생각했다. 물발자국 보드게임 〈워터랜드〉는 다양한 퀴즈를 통해 물발자국의 개념과 물발자국을 줄이는 소비에 대해 이야기한다. 퀴즈를 해결하여 각자 가지고 있는 물발자국을 줄이는 것이 〈워터랜드〉의 목표이다. 이 보드게임을 활용하여 '물 발자국 줄이기'라는 새로운 물 절약 방법을 아이들에게 쉽고 재미있게 전달할 수 있었다.

 〈워터랜드〉 진행하기　　　　　　　　　　　**게임 방법**

1. 보드판의 시작 칸에 각자의 말을 놓고, 물발자국 카드 600L씩 나누어 갖는다.
2. 주사위를 굴려 말을 이동하고, 도착한 칸에 해당하는 카드를 열어 그 안의 퀴즈를 해결한다.
3. 퀴즈의 정답을 맞히면 해결한 카드에 적혀있는 만큼의 물발자국 카드를 줄인다.
4. 게임 시간이 종료되면 물발자국이 가장 적은 참가자가 승리한다.

〈워터랜드〉에서 해결해야 하는 퀴즈는 물 부족 문제에 대해 고민할 수 있는 것들이다. '청바지와 치킨 중 물발자국이 더 큰 제품은 무엇일까?'와 같은 질문은 우리 주변에서 쉽게 볼 수 있는 물건이 만들어지는 데 얼마나 많은 물이 사용되는지 생각해보게 한다. 또 '우리나라가 물 부족 국가인 이유는 인구 대비 적은 (   ) 때문이다.'에서 빈칸에 들어갈 내용을 보기 중에 고르는 퀴즈는 우리나라의 물 부족 문제에 대해 깊게 생각하는 계기가 된다.

〈워터랜드〉를 하며 아이들은 우리 생활 속 물발자국에 관심을 가졌다. 아이들은 교과서, 필통, 책상 등 학교에서 볼 수 있는 모든 제품의 물발자국을 추측하여 서로 비교하였다. 이 과정에서 치열한 토론이 이루어졌는데, 가장 의견이 분분했던 것은 '나무 의자와 플라스틱 의자 중 어떤 의자가 물발자국이 더 적은가?'였다. 아이들은 자신의 배경지식을 모아 나무 의자와 플라스틱 의자가 만들어지는 과정을 설명하고, 그중 물이 들어가는 부분을 찾아 물발자국에 대한 자신의 의견을 펼쳤다. 토론 끝에 물발자국이 적은 의자로 학교 의자를 바꾸자는 의견까지 나왔다. 또 우리 주변에서 물발자국을 어떻게 하면 줄일 수 있을까를 고민하던 아이들은 서비스에 들어가는 물발자국이 적은 제철 과일과 지역 특산물을 사용해야겠다고 이야기했다. 〈워터랜드〉를 통해 물발자국은 배운 아이들은 이를 실생활에 적용하며 점점 물발자국 전문가가 되어 갔다.

보드게임의 후속 활동으로 아이들과 함께 물발자국과 관련한 퀴즈를 진행하였다. 아이들은 여러 물건과 서비스의 물발자국을 직접 조사하고 관련한 퀴즈를 만들었다. 그 과정에서 주변에서 흔하게 보던 물건에 예상보다 많은 물발자국이 들어간다는 것을 알고 놀라는 아이들도 있었다. 인상 깊었던 퀴즈는 '텀블러를 구매하여 물을 담아 마시는 것과 물 1병을 구매하여 마시는 것 중 물발자국이 적은 소비는 무엇일까?'였는데, 아이들은 텀블러가 만들어지는 과정과 쓰레기를 처리하는 과정의 물발자국에 대해 다양한 의견을 주고 받았다. 후속 활동을 통해 아이들이 물 절약 방법인 '물발자국 줄이기'에 대해 다양한 방면에서 고민하고 있다는 것이 느껴졌다.

우리가 물이 충분한 지구 그리고 대한민국에서 살기 위해서는 지금부터 꾸준히 물을 절약해야 한다. 〈워터랜드〉는 '물발자국 줄이기'라는 새로운 절약 방법을 제안한다. 게임 속 퀴즈를 해결하며 아이들은 물건과 서비스에 필요한 물을 찾는다. 물 부족 문제의 심각성을 마주하기도 한다. 이 과정을 통해 아이들은 물발자국에 대해 이해하고 '물을 절약하는 소비'에 가까워진다.

07 생태계 균형을 이루는 숲 만들기
〈포렛〉

"최근에 숲을 언제 가 보았나요?"

보드게임 〈포렛〉은 이 질문을 나누며 시작된다. 아는 단어이지만 낯선 느낌을 주는 숲. 숲은 무엇일까? 숲은 여러 나무가 모여 있는 곳을 뜻한다. 집 앞 공원에서, 산책길에서, 어디를 향하는 길가에서 우리는 숲을 거닌다. 숲은 주변에서 쉽게 만날 수 있는 곳이며, 우리는 언제 어디에서든 숲과 함께 있는 것이다.

아이들과 함께 환경에 대한 이야기를 나누다 보면 환경문제를 멀게 느끼는 모습을 볼 수 있있다. 지구 온난화, 해수면 상승과 같이 우리가 사는 지구의 심각한 환경문제 또한 내 일이 아닌 것처럼 생각하는 경우도 있었다. 환경문제는 아이들에게 자신과는 상관없는 먼 문제가 되어버린 것 같았다. 환경의 중요성을 이야기하기 위해서는 아이들이 피부로 느낄 수 있는, 가까운 환경이 필요하다는 생각이 들었다.

〈포렛〉은 '숲'을 소재로 한 환경 보드게임이다. 카드를 모아 나무를 만들고, 여러 나무를 모은 숲을 만들며 아이들은 자연스럽게 숲에 대해 이야기를 나누게 된다. 게임에서 카드로 건강한 나무와 숲을 만들기 위해 노력하며 실제 우리 주변에 있는 숲을 보호해야겠다고 이야기하는 아이들도 있었다.

게임을 시작하기 전 아이들과 함께 카드를 살펴보는 게 좋다. 카드를 자세히 보면 숲을 이루는 나무와 숲에 사는 동물이 그려져 있다. 나무는 마디를 구분하여 4부분(뿌리-밑동-가지-이파리)의 카드가 있으며, 나무의 4부분에 각각 서식하는 2가지 동물이 있다. 총 8가지 동물(개구리, 거미, 뱀, 표범, 개코원숭이, 침팬지, 벌새, 앵무새)이 카드에 그려져 있어 아이들에게 익숙한 동물부터 이름을 처음 들어보는 동물까지 숲에 서식하는 다양한 동물에 대해 함께 이야기할 수 있다. 카드를 볼 때 동물의 실제 사진과 영상 자료를 함께 활용하여 동물의 소리와 움직임을 함께 살펴보면 더욱 좋다. 숲속 동물의 생활양식을 구체적으로 살펴보며 아이들은 점점 동물에 대해 흥미를 가진다. 또 카드에 사실적으로 그려진 나무 그림을 보며 부분별 역할과 기능에 대해 자세하게 알아볼 수도 있다. 게임 시작 전 아이들은 카드에 그려진 그림을 통해 나무와 숲속 동물을, 생활양식을 알아보며 숲에 관심을 가지게 된다.

그런 다음 〈포렛〉의 목표를 알려준다. 이 게임의 목표는 생태계 균형을 이루는 숲을 만드는 것이다. 아이들과 생태계의 균형을 이루는 숲은 어떤 조건이 필요할지에 대해 이야기를 나누었다. 아이들은 '환경파괴가 적은 숲', '사람의 활동이 적은 숲'을 이야기했다. 숲 그리고 생태계 균형에 대한 아이들의 생각이 깊어져 갔다.

　게임의 목표인 생태계 균형을 이루는 숲의 조건은 다음과 같다.

❶ 숲의 구성원인 나무와 동물이 균형을 이룬 숲
❷ 환경파괴가 적은 숲(전기톱이 그려진 카드가 적은 숲)
❸ 나무가 많은 큰 숲

　3가지 조건을 가장 온전히 충족하여 생태계 균형을 이룬 숲을 만드는 사람이 게임의 승자가 된다. 아이들과 ❶번 규칙에 대해 아이들과 이야기 나눴는데 나무와 동물 모두가 잘 살기 위해서는 균형이 필요하다고 하였다.

　전기톱이 그려진 카드는 인간의 무분별한 환경파괴를 의미한다. 이에 집중하여 인간의 이익을 위해 숲에 피해를 주는 인간 활동의 심각성을 알고, 이를 줄이기 위해 우리가 할 수 있는 행동을 토의해보는 것도 좋다. 〈포렛〉 보드게임을 경험한 아이들은 학급 특색 활동으로 '숲 줍깅 활동'을 정하였고, 수목원, 생태원 등 숲이 있는 곳을 체험할 때 자발적으로 줍깅 활동을 하였다. 아이들의 작지만 큰마음이 모여 움직임이 되었고, 환경파괴를 줄이기 위한 행동으로 실천할수 있었다. 보드게임에서 시작된 생각이 환경을 보호하는 실천으로 이어졌다. 모두 아이들의 생각이었다.

📢 〈포렛〉 진행하기

1. 게임시작 카드(뿌리 카드 중 원주민이 그려져 있는 카드)를 자신의 앞에 놓는다. 나머지 모든 카드는 섞은 뒤 뒷면으로 12장씩 5개의 더미를 만들어중앙에 놓는다. 뒷면으로 뒤집어 섞은 뒤, 중앙에 모아 카드 더미를 만든다.

2. '최근에 숲은 가 본 사람'부터 게임을 시작한다.

3. 5개의 더미 중 원하는 곳에서 중앙의 카드 더미에서 3장의 카드를 뽑은 뒤 1장은 자기 앞에 두어 자신의 숲을 만든다. 다른 1 장은 내가 원하는 상대방의 숲에 놓는다. 나머지 1장은 손에 가지고 있는다.

4. 뿌리, 밑동, 가지, 이파리 4장의 카드가 모였을 때, 숲을 이루는 나무 한 그루가 완성 된다. 만약 한 그루의 나무가 완성되었다면, 다음 새로운 나무는 그 옆에 나무의 4부분 카드를 새로 모아 만든다.

5. 앞에 놓인 카드에 새로 뽑은 카드를 덮어씌울 수 있다. 이때 같은 부분의 카드끼리만 덮어씌울 수 있다. 이파리 부분에는 새로 뽑은 이파리 카드만 덮어씌울 수 있다. 전기톱 카드가 놓인 경우, 새로 뽑은 카드로 덮어 전기톱 카드를 삭제할 수 있다.

6. 더미에서 카드 2장을 뽑아 손에 3장을 다시 채우고 차례를 종료한다. 플레이어의 손에는 항상 3장의 카드가 있어야 한다.

7. 생태계 균형을 이루는 3가지 조건에 가장 가까운 숲은 만든 사람이 승리한다.

   ① 나무와 동물이 균형을 이룬 숲 : 완성된 나무의 수와 어떤 1종의 동물 당 마리의 수가 같으면 1점

   ② 환경파괴가 적은 숲 : 전기톱이 그려진 카드 1장당 -1점

   ③ 나무가 많은 큰 숲 : 완성된 나무 1개당 3점, 미완성된 나무 1개당 -1점

〈포렛〉의 묘미는 카드는 덮어씌우는 방법으로 최상의 생태계를 가진 숲을 만들어 나갈 수 있다는 것이다. 게임 속에서 아이들은 나무와 동물이 균형을 이루며, 환경파괴가 적고, 나무가 많은 큰 숲을 만들기 위해 계속해서 노력한다. 숲을 위해 노력하는 간접적인 경험이 쌓이며 생태계 균형을 이루는 숲에 대해 깊이 생각하게 된다. 이러한 생각이 모여 숲, 더 나아가 환경을 위해 행동하는 아이들의 모습을 발견할 수 있을 것이다.

08 나만의 스타일로 실내 정원 꾸미기 〈보타닉 가든〉

아이들은 생활 속에서 수많은 식물을 만나고 관심을 가진다. 집에서 가꾸던 식물에서 새로운 잎이 나오면 친구들에게 곧장 자랑을 한다. 교실에 있는 식물에 주기적으로 물을 주고 창가에서 햇빛을 받게 하여 1년 동안 건강하게 보살핀다. 아이들은 생활 속에서 만나는 식물을 잘 살피며 건강하게 가꾸기 위해 노력한다. 하지만 이러한 노력에도 오래 살지 못하는 식물이 있으며, 식물이 건강하게 자랄 수 있는 환경을 아이들이 스스로 조성하는 데에도 어려움이 있다. 그러면서 식물을 가꾸는 것에 멀어지는 아이들이 생기곤 한다. 이때 식물에 계속해서 관심을 가지도록 보드게임을 통해 아이들이 원하는 식물을 고르고 자신만의 스타일로 실내 정원을 꾸며보게 하는 것은 어떨까?

보드게임 〈보타닉 가든〉은 식물과 소품으로 실내 정원을 꾸미는 게임이다. 각자의 실내 정원을 완성한 뒤 정원을 어떻게 꾸몄는지에 따라 점수를 얻게 되는데, 점수를 얻는 방법이 매우 다양하다. 다른 플레이어보다 먼저 식물을 심는다면 좋은 화분을 받게 되어 점수를 얻을 수 있다. 또 정원의 방과 식물 또는 정원을 꾸미는 소품이 같은 색을 이루어 정원의 통일성을 높이면 높은 점수를 얻을 수 있다. 반대로 다양성이 있는 정원을 꾸며도 점수를 얻을 수 있다. 서로 다른 식물과 소품이 많아질수록 더 높은 점수를 얻는다.

출처 : 코리아보드게임즈

▲ 식물 카드와 소품이 배치된 방 카드

점수를 얻는 방법이 다양하기 때문에 정원사의 스타일을 살린 실내 정원을 꾸밀 수 있다. 각기 다른 취향과 생각을 가진 아이들에게 〈보타닉 가든〉에서 점수를 얻을 수 있는 다양한 방법을 소개하면 아이들은 저마다 목표를 설정하고 실내 정원을 꾸며나간다.

평소 식물에 관심이 많아 꽃집 사장님이 꿈이던 아이는 좋은 화분을 얻기 위해 누구보다 빠르게 식물 카드를 모았다.

"좋은 집(화분)이 있어야 식물이 잘 자랄 수 있어요."

또 미술 활동에서 두각을 보이던 아이는 식물과 어울리는 소품 카드를 모으는 데 집중하였다.

"식물들도 예쁜 곳에 있으면 더 잘 자라지 않을까요?"

정원을 꾸미기 위해 식물과 소품을 고르고 배치하는 선택 중 그 어떤 선택도 잘못된 선택이 아닌, 모두 옳은 선택이 된다. 그렇기 때문에 아이들은 친구들이 어떤 선택을 할지 유심히 보며 처음에는 의아해하면서도 친구들 각자의 스타일로 만들어가는 실내 정원을 보며 고개를 끄덕였다. 그렇게 수많은 아름다운 실내 정원이 완성되었다.

 〈보타닉 가든〉 진행하기

1. 시작 플레이어가 카드 1장(식물 카드 또는 방 카드)과 토큰 1장(소품 또는 원예용 물품)을 고른다.

2. 자신의 정원에 점수 획득 방법을 고려하여 자신의 스타일로 카드와 토큰을 배치한다. 카드는 5×3 형태로 배치하며, 토큰은 카드 위에 배치한다.

3. 모든 플레이어가 자신의 정원을 5×3 카드 형태로 만들면 게임이 끝난다.

4. 식물 점수, 화분 추가 점수, 방 점수, 물품 점수 등 다양한 점수 요소를 합산해 점수가 가장 높은 플레이어가 승리한다.

〈보타닉 가든〉은 카드(식물, 소품, 방)를 5 × 3 형태로 연결하고, 카드 위에 소품 토큰을 배치하며 실내 정원을 완성하는 게임이다. 게임 속에서 아이들이 꾸민 실내 정원은 모두 다른 모습을 하고 있었다. 한 가지 색의 카드들로 꾸며진 실내 정원을 보며 아이들은 "깔끔해서 멋있다.", "색이 하나로만 되어 있어서 예술가의 정원 같다."라고 말했다.

이와는 반대로 모두 다른 색의 카드들로 꾸며진 실내 정원을 보았을 때 아이들은 "화려하다". "알록달록해서 예쁘다."라고 이야기했다. 아이들은 친구들이 만든 실내 정원을 보며 각기 다른 매력을 찾아내었다.

정원사의 스타일을 살려 실내 정원을 꾸미는 데에 〈보타닉 가든〉의 카드 일러스트 또한 큰 역할을 한다. 보드게임을 열었을 때 가장 먼저 나오는 아이들의 반응만 봐도 알 수 있다.

"식물 카드가 정말 예뻐요!"

섬세하고 아름답게 그려진 식물 카드를 보며 아이들은 실내 정원을 더욱 아름답게 만들기 위해 노력했다.

또 식물의 모습이 실제적인 일러스트로 그려져 있어 식물에 대한 아이들의 경험이 나오기도 했다.

"우리 집 베란다에서 키우는 식물과 비슷하게 생겼다. 내가 가져와서 정원을 꾸며야겠어!"

카드에 그려져 있는 식물의 여러 가지 특성을 고려하여 실내 정원을 꾸미는 아이들도 있었다.

"교실은 햇빛이 많이 들어오니까 햇빛을 많이 필요로 하는 식물을 키워도 되겠다. 그렇다면 리톱스를 심겠어."

아이들은 식물 카드를 보며 다양한 고민을 하였고, 자신만의 스타일로 실내 정원을 아름답게 만들어 나갔다.

식물은 실제로 가꾸기 어렵다는 인식 때문에 아이들 손에서 멀어지곤 한다. 그렇지만 아이들은 길가에 핀 꽃을 예뻐하고 교실에 있는 화분에 틈틈이 물을 준다. 아이들은 충분히 자신만의 정원을 꾸밀 수 있다. 보드게임 〈보타닉 가든〉을 통해 아이들에게 자신의 정원을 꾸미는 기회를 준다면 아이들은 식물과 정원에 대한 각자의 스타일을 세워나갈 수 있을 것이다.

09 지속가능한 세계 만들기
〈Play with goals〉

세계는 다양한 문제로 고통받고 있다. 경제, 사회, 환경 등 우리가 살아가며 발생하는 여러 문제로부터 그 어떤 나라도 자유롭지 않다. 이를 해결하기 위해 UN총회는 2015년에 지속가능발전목표를 발표했다. 이 목표는 2016년부터 2030년까지 전세계의 모든 나라들이 함께 해결해야 하는 문제를 뜻한다. 17가지 목표를 보드게임에 담아 협력적으로 문제를 해결해나가는 게임이 〈Play with golas〉이다.

목표 카드 17장

▲ 목표카드 예시   출처 : 미디어숲 출판사

UN총회가 발표한 지속가능발전목표는 게임에서 모든 플레이어가 협력하여 해결해야 하는 17가지 목표카드로 설정된다. 게임은 협력게임으로

2016년부터 2030년까지의 15라운드 동안 17개의 목표를 전부 달성하면 모든 사람이 함께 승리한다. 이때 하나라도 달성하지 못하면 모두 함께 패배한다. 이는 우리가 살아가는 세상을 반영한다. 세계의 여러 문제는 모든 나라가 연결되어 있어 함께 해결해야 하며, 문제를 해결하지 못하면 모든 나라가 그에 따른 부정적인 영향을 받을 수 있기 때문이다.

게임을 시작할 때 모든 플레이어는 하나의 역할을 갖게 된다. 역할은 국제기구, 정부, 시민단체, 기업, 연구소가 있다. 각 역할에는 특수 기능이 있고, 이 기능을 적극 활용해야만 모든 목표를 달성할 수 있다. 마치 실제로 우리가 세계의 여러 문제를 해결하기 위해 내가 있는 위치에서 최선을 다해야 하는 것처럼 말이다.

역할을 부여받은 아이들은 목표를 위해 최선을 다하지만, 서로의 의견이 상충될 때도 있었다. 더 나은 선택을 하기 위해서 어떻게 행동해야 할지 저마다 다른 생각을 하기도 했다. 이때 그 무엇보다도 게임을 원활하게 풀어갈 수 있는 방법은 대화였다.

"일자리를 많이 만들기 위해 우리가 어떤 일을 할 수 있을까?"
"빈곤 퇴치를 위해서는 대륙 간의 자원 교환이 필요할 것 같아."

특히 각자의 역할마다 가지고 있는 특수 기능을 어떻게 활용할 것인가에 대해 아이들은 끊임없이 이야기를 나누었다. 기업의 특수 기능은 건설 활동을 할 때 돈 카드를 1장 덜 내는 것이어서, 기업 역할의 아이들이 스스로의 이득을 위해 건설 활동을 필요 이상으로 하는 경우가 있었다.

"우리의 최종 목표는 함께 17가지 목표를 전부 달성하는거야. 그러기 위해서는 지금 건설활동을 해서는 안돼. 꼭 필요한 상황에서 특수 기능을 활용해보자."

공동의 목표를 해결하기 위해 아이들은 대화로 서로의 상황을 이해하고 때로는 친구를 설득하며 게임을 함께해나갔다.

⟨Play with golas⟩의 세계는 실제 우리가 살아가는 세계와 매우 유사하다. 게임에서 17가지 목표카드를 해결하기 위해서 자원카드가 반드시 필요하다. 마치 현실의 다양한 문제를 해결하기 위해서 자원이 필요한 것과 마찬가지로 말이다. 또 처음 게임을 시작할 때 6개의 대륙에 각각 자원카드를 배치하는데 주사위의 숫자에 따라 무작위로 배치하게 된다. 우리가 사는 세상에서도 나라에 따라 가지고 있는 자원이 모두 다르고, 자원의 많고 적음이 어떤 이유로 정해지지 않는 것과 비슷한 모습이었다.

플레이어들은 다양한 방법으로 자원카드를 얻을 수 있다. 대륙을 이동하여 대륙에 배치된 자원카드를 얻을 수 있으며, 같은 대륙에 있는 플레이어와 자원 카드를 교환할 수 있다. 이 때 한 사람이 주기만 하거나 받기만 할 수도 있다. 또는 자원 카드 덱에서 직접 1장의 자원카드를 얻을 수 있다. 우리가 살아가는 세계에서도 다양한 방법으로 돈을 벌 수 있듯이 게임 속에서도 다양한 방법으로 자원카드를 얻을 수 있는 것이다. 우리가 살아가는 세상과 유사한 게임 속 상황을 통해 아이들은 현실적으로 문제를 해결할 수 있는 방법을 생각하고 이를 게임에 적용하기도 하였다.

〈Play with goals〉 진행하기

1. 게임판을 펼쳐 놓고 모든 사람이 역할 하나씩을 선택한다.

2. 목표카드는 3장을 열어놓는다. 게임 중 해결된 목표카드는 제거하고 새로운 목표카드를 연다. 총 17개의 목표카드를 해결하면 모두 승리한다.

3. 자원카드 배치를 위해 주사위를 굴린다. 주사위에 나온 색과 동일한 색의 대륙에 주사위 수 만큼 자원카드를 배치한다. 자원카드 배치를 동일한 과정으로 3번 한다.

4. 차례대로 돌아가며 행동을 2번 수행한다. 행동에는 대륙 이동 및 교환, 대륙의 자원 획득, 자원 직접 획득, 목표카드마다의 활동이 포함된다.

5. 모든 사람이 행동을 2번 수행하여 차례가 끝나면 한 라운드(1년)가 끝난다. 자원 배치를 2번 수행하여 새로운 라운드를 시작한다. 이와 같은 방법으로 2030년까지 게임을 계속 진행한다.

〈Play with golas〉를 통해 우리를 둘러싼 세계의 여러 문제들을 해결하는 과정을 체험한다. 그 속에서 아이들은 대화를 통해 지속가능발전목표에 달성하기 위한 행동을 끊임없이 고민하며 우리 주변의 문제 더 나아가 세계의 여러 문제와 한걸음 가까워진다.

게임이라는 비밀의 문을 열자

"보드게임으로 어떻게 책을 써?"

공모전에 뽑힌 사람들끼리 모이는 자리 어디선가 이런 말이 들렸다. 별생각 없이 오랜만에 만난 동료에게 인사 겸 이야기했던 말이겠지 싶었다. 그런데 내 마음 깊은 곳에서 욱하는 마음이 올라왔다. "제가 그 책 쓰는 사람입니다."라고 말하려다 그만두었다.

예전에 보드게임으로 처음 강의를 나갔을 때가 떠올랐다. 원래 예정된 강의는 방학 중이었는데 태풍 때문에 방학이 미뤄졌고 강의날이 학교가는 날로 바뀌었다. 사정을 설명해서 학교를 빠진다고 말해야 하는데 내가 큰 잘못을 하는 것 같은 느낌이 들었다. 교감선생님께 보드게임으로 강의를 나간다고 하고 하면 반대하실 것 같았다. 더군다나 학교까지 빠지게 됐으니 말이다. 게임이 교육적으로 어떤 의미가 있는지 한참을 고민했다. 멘트를 짜보고 시뮬레이션도 했다. 내가 잘못한 것도 없고 안될 것도 없었지만, 그때 당시 나조차도 보드게임과 교육의 만남은 뭔가 이질적이라고 느끼고 있었던 것이다. 십 년이 못 된 때였다. 그러니 보드게임을 해보지 않은 분이라면 더더욱 그렇게 말할 수 있었다. 그냥 받아들이기로 했다.

'게임'은 우리 사회에서 좀 편견이 낀 것 중 하나다. 비슷한 경우가 '투자'다. 왜 그런지 모르지만, 부모님들은 주식에 투자하면 집안이 망한다고 하셨다. 노름이나 좀 심하게 말하면 도박에 가까운 것이라고 보았다. '게임'도 이와 비슷하다. '게임한다'라고 하면 그다지 좋은 느낌이 들지 않는다. 그렇다고 건전한 느낌도 없다. 만약 게임을 하는 대상이 아이들이면 앞장서서 막아야 하는 일이 될 때도 있다. 웬만한 어른들은 아이가 쉬는 시간에 쉰다고 게임을 하면 못마땅한 표정을 짓기도한다. 정해진 시간 정해두고 조금만 시간을 넘기면 불호령이 떨어진다. 쉴 때 뭐든 해도 되지만, 게임은 왠지 하면 안될 것 같은 느낌이 든다. 게임에는 그런 이미지가 덧씌워 있다. 아이러니한 것은 이런 어른들의 생각과 다르게 아이들은 게임을 정말 너무 너무 좋아한다는 점이다.

얼마나 좋아하냐면 아이들에게 시키지 않아도 하는 거의 유일한 것이라고 생각이 들 정도다. 남녀노소를 가리지 않는다. 공부를 잘하고 못하고도 상관없다. "게임하자"는 말은 아이들을 스스로 움직이게 하게 하는 강력한 마법을 부린다. 한 번 아이들에게 보드게임 준비해서 한번 저 말을 해보시라. 눈빛이 순식간에 바뀌는 걸 볼 수 있을지도 모른다. 절대 놀라지 말라 조금 전

그 아이 맞다.

이 책을 여기까지 읽으신 독자는 보드게임에 특별한 힘이 있다는 것을 느끼셨을 것이다. 아마 예상하건대 아이들 게임 하는 것이 다르게 보이실 것이다. 보드게임은 아이들을 움직이게 한다. 우리는 이 지점을 놓치지 말고 깊이 연구 해야 한다. 교육자나 보호자가 무엇을 가르칠지 고민하고 공부하는 것은 잘 가르치려고 하는 것이 아니다. 배우는 아이들이 스스로 배우게 하려는 것이다. 그러면 아이들은 무엇을 할 때 스스로 움직이는지 알아야 한다. 아이들이 게임할 때 스스로 움직인다는 점은 큰 힌트다.

무엇인가 새롭게 익히려면 배워야 한다. 배운 것을 반복하면 익숙해진다. 거기서 더 반복하면 잘하게 된다. 우리는 이걸 '능력 있다'라고 부른다. 하지만, 잘해지기까지는 다양한 고비들이 있다. 하기 싫고 어렵고 다른 것이 하고 싶기도 하다. 이런 걸림돌을 반드시 지나야 한다. 많이들 넘어진다. 그래서 걸림돌이 너무 높지 않게 디딤돌로 바꿔줄 수 있는 장치가 필요하다. 보드게임에 들어있는 메커니즘이 이 과정을 돕는다.

아이들이 자라고 성장하기를 원한다면 답을 아이들에게서 찾아야 한다. 보드게임에 아이들이 바람이 들어 있다.

얼마 전 〈그란 투리스모〉라는 영화를 봤다. 레이싱게임을 했던 주인공이 실제 레이싱 선수가 되는 성장 스토리다. 이 영화를 만든 배경이 게임을 좋아하는 요즘 세대 때문이었다는 것을 기사를 통해 알 수 있었다. 요즘 사람들은 게임을 정말 좋아한다. 오웬 마호니 넥슨 대표이사는 "게임이야말로 플레이어가 자신의 스토리를 스스로 써나갈 수 있는 유일한 예술 형태이자 영감의 원천이 된다."라고 했다. 게임에서 주체성과 주도성 또한 찾아볼 수 있다는 말이다.

'게임성장연구소'는 보드게임을 가지고 좀 더 아이들과 교육을 연결하고 세상과 연결하는 작업들을 해나가려고 한다. 앞으로는 지금보다도 훨씬 더 게임이 우리 세상으로 깊게 들어올 테니까 말이다. 그 시작은 손에 쥐고 쉽게 만들 수 있는 보드게임이 될 것이다. 우리 함께 게임이라는 비밀의 문을 열어 보자.

책이 나오기까지

고희진 | 보드게임의 세계로 이끌어준 우리 게임성장연구소 선생님들, 학교에서 함께 게임을 즐겼던 우리 아이들에게 고마움을 전하고 싶습니다. 무엇보다 제가 하고 싶은 것을 할 수 있게 지지해주고 응원해주는 우리 가족! 사랑합니다.

김영훈 | 착하디 착한 호계초등학교 모든 학생들, 보드게임 하나만 있으면 고등학생 시절로 돌아가는 한지, 희태, 정우, 언제나 나에게 긍정 에너지와 지지를 주는 경연, 그리고 나와 보드게임을 함께 해준 모든 사람들 고맙습니다.

박소현 | 보드게임을 함께 해주고, 글을 쓰는 과정을 응원해준 모든 분들께 감사드립니다. 덕분에 더 나아갈 수 있었습니다.

양예원 | 나를 늘 행복하게 해주는 귀산초등학교 제자들, 글 쓸 때 옆에서 묵묵히 응원해준 짝꿍, 언제나 무한한 신뢰를 주는 가족, 사랑합니다. 그리고 부족한 제 글을 품어준 게임성장연구소 선생님들께 감사의 마음을 전합니다.

이예슬 | 항상 사랑하는 나의 제자들, 함께 있으면 행복한 지은이와 인형이, 수많은 보드게임을 함께 한 Tickets!와 하루살이 멤버들, 존경하는 동료 선생님들과 게임성장연구소 선생님들께 감사하는 마음을 전합니다.

황윤길 | 무엇보다 같이 달려온 게임성장연구소 선생님들 고맙습니다. 선생님들이 있어 제가 이런 큰 경험을 해봅니다. 나와 함께 보드게임을 즐겨주는 우리반 학생들 고맙습니다. 같이 보드게임을 할 때면 우리는 모두 친구! 그리고 내 삶의 의미를 만들어주는 우리 가족, 사랑합니다.

김한진 | 주말마다 책을 쓸 수 있는 시간을 허락해준 아내 수진. 덕분에 내가 무엇을 하고 살고 싶은지 깨달았어요. 고마워요. 사랑하는 아들 지후. 아빠가 책 쓸 동안 잘 커줘서 고마워. 일러스트 정영미. 정성껏 그려줘서 고마워. 너의 성장을 보는 게 참 놀라워. 책이 나오기까지 애써주시고 도와주신 웰북 출판사 임종훈 대표님 감사합니다. 마지막으로 함께 보드게임을 해주고 1년 책쓰기 작업을 함께한 게임성장연구소 선생님들께 이 책의 영광을 돌립니다.